WEND.e.n.LAND - eine Reise ins LIEBE.s.LEBEN

Dieses Buch ist gewidmet C.-o-o-K.
Mein WEND.e.n.MANN, mit dem diese Reise begann !

Bretter für die Brote und Teller für die Brötchen ....

WEND.e.n.LAND
Eine Reise ins LIEBE.s.LEBEN

Photographie und Poesie von STEPHA. MARA BROCK

Bibliografische Information der Deutschen Nationalbibliothek:
Die Deutsche Nationalbibliothek verzeichnet diese Publikation in der Deutschen Nationalbibliografie; detaillierte bibliografische Daten sind im Internet über http://dnb.dnb.de abrufbar.

Poesie: Stepha. Mara Brock
Photographie: Stepha. Mara Brock
Titel: Stepha. Mara Brock
Layout: Stepha. Mara Brock

Herstellung und Verlag: BoD – Books on Demand, Norderstedt

ISBN: 978-3-8370-2187-5

Etwas Wort.e zu diesem Buch

Oktober 2014 - es wurde Zeit – Zeit für Veränderungen, Zeit für einen Aufbruch, Zeit für eine Reise hin zu mehr Lebensqualität, Freude, Genuß und das Liebe.s.LEBEN ....

Ich stellte für mich und meine beiden Kinder die Weichen auf den Straßen, welche das Leben so mit sich bringt, neu, nachdem wir alle in eine Alltagsmühle geraten waren, welche zu Unmut ohne Lebensqualität geführt hatte.

Ich wußte, wo gute Pfade zu finden waren und begann mich im schon oft besuchten, lange geliebten WendLand nach Haus und Hof, Schule und Arbeit umzusehen.
Wie eine Fügung kam parallel die Liebe zu einem für mich wertvollen Mann daher; eine delikate Kombination, ... nicht zuletzt wegen ihm begann meine Reise .... auf eine interessante, anregend neue Weise zu finden Leben, Lust und Liebe.

Auf der Reise, habe ich Erlebtes, Beobachtungen, Emotionen und Gedanken vor allem in Poesie gesammelt – diese begleiten durch dieses Buch.
Von den parallel eingefangenen Photographien meiner Reise sind nur wenige im Buch; sie sind größten Teils in meiner Ausstellung „WEND.e.n.LAND – eine Reise ins LIEBE.s.LEBEN" zu sehen.

Sie spiegeln Berührungen mit dem WendLand, maßgeblich jedoch meine BegegnungsProzesse mit erlebtem Neuem, schmerzhaftem Altem, Liebe und „Liebeskummer" und meiner auflebenden Liebe zu mir Selbst und dem Leben. Das alles hat mich beflügelt und ich möchte es weitergeben.

Gute Reise ins LIEBE.s.LEBEN !

Willkommen

Willkommen
meine Damen und Herren!
Willkommen
im real existierend' Realismus,
hier im Heute und Jetzt!

Bevor die Show beginnen kann,
legen Sie bitte Ihre Masken an.
Das Toupet zurecht gerückt,
echte Gefühle unterdrückt!
Ihre eigene Meinung geben Sie bit-
te an der Garderobe ab,
sonst zieht man
Ihnen diese vom Vergnügen ab.
Damen und Herren, die wollen
ihr Gesicht bewahren,
die Möglichkeiten nutzen,
aus der Haut zu fahren
und mit Kommentaren nicht
bleiben hinterm Berg,
werden gesammelt
und umquartiert in die Loge
für den, der nicht kapiert,
im Gleichklang unserer Show,
nur Gleichmut bringt Flow.
In der Loge, wo gesammelt
werden Phantasten,
Individualisten, Querulanten

wird dagegen Stille sein,
denn nur Gleichgesinnte
bekommen Wein,
sollen leicht ertragen
jeglich' Gleichmaß-Pein.
Nur, dass sie
das nicht wissen;
würden's wohl vermissen.
Ach, Sie kennen Den
und Den? Na, dann ist's doch
kein Problem.
Vitamin B und Korruption,
so was ist hier gern geseh'n!

Willkommen
meine Damen und Herren!
Willkommen
im real existierend' Realismus,
hier im Heute und Jetzt!

Hier kann Jede, Jeder sein,
im Gleichschritt, marsch!
Rechts, links, Zwo, Drei, Vier!
Nettigkeiten ausgetauscht!
Ein schmales Lächeln!
Und schön immer oberflächlich!
Nur so ist Realität erträglich !!

September 2014 .... vor der Reise

eigentlich

eigentlich ....

der ganze Tag voll Energie,
viel getanzt ....

den ganzen Tag Gedanken an Dich
sehr warm ....

der Tag jetzt
es ist kalt ....

.... ohne Dich !

ür C.-o-o- K. .... 23. Oktober 2014

WAS WILLST DU ??

**Natürlich,
wie durch Zauber,
gestern Nacht
kamst DU vorbei
in meinem Traum,
trugst mich
mit unserer beider Energie
beflügelnd,
miteinander verschmelzend,
dahin fließend
im süßen Saft der LUST
durch den Rest der Nacht
bis in den Morgen.**

**TRAUMMANN, DU,
begleitest mich
durch meinen Tag.**

**WAS WILLST DU ??
WAS WILL ICH ??**

für C.-o-o- K. .... 23. Oktober 2014

Absurd

**Absurd:
der Wahrheit hinterher
zu rennen!**

24. Oktober 20

Jahrestage im November

Elf neunzehnhundertneunundachtzig
ließ ich die Mauer hinter mir fallen,
zeigte der Insel den Rücken,
und entschwand Richtung Hafen.
Bedrückt von der Kühle fehlte Zuhause.

Elf neunzehnhundertvierundneunzig
verließ mich die Mutigste von allen,
zeigte der Welt ihre Stärke, als sie,
mit dem Tod vor Augen, mich um Rat bat,
und in meinen Armen entschlief.

Elf neunzehnhundertneunundneunzig
ließ mich die nebligste Stadt
auf Stiefelhöhe spüren die Liebe,
tiefe Verbundenheit mit fremdem Gemüt
macht mich bereit, meine Wege zu gehen.

Elf zwanzighundertvier
verließ mich das Schönste nach Wochen der Enge.
Mein Sohn war geboren.
Liebe unendlich und in mir
das belebende Gefühl, Zuhause zu geben.

Elf zwanzighundertneun
ließ mich der Moment der Schwäche erschaudern,
legte der Mantel des Todes sich um meinen Atem
und raubte mir Glaube und Vertrauen.
Ich lebe, doch viel ist gestorben.

Elf zwanzighundertvierzehn
verließ mich die Trauer um verlor'nen Mut,
ließ mich die Neugier in Liebe erwachen,
verließ mich die Angst, Dinge zu ändern,
ließ ich Neues und Altes an mich heran.

09. November 2014

Betrunken - nichts weiter

.... betrunken
von den Gedanken an DICH

auch wenn
ich noch keinen Tropfen
des perlenden Schweißes LECKEN ....

auch wenn
ich noch keinen Tropfen
des süß strömenden Saftes SCHMECKEN....

auch wenn
ich noch keinen Tropfen
deiner fließenden Tränen ....

nichts weiter
als das BEGEHREN
nach deiner NÄHE
deiner BERÜHRUNG
deiner KRAFT
mich in LUST
zu ERGREIFEN ....
überkommt mich werde ich DICH
in meiner Nähe gewahr

**Dein Geruch
und deine Gegenwart
dein AUGENBLICK ....
regt in mir die LUST
DICH mit den Tropfen
perlenden Schweißes
süß wild fließenden Saftes
meiner fließenden Tränen
zu BENÄSSEN**

**nichts weiter - DU
darfst MICH
LECKEN
SCHMECKEN**

**BEGEHREN
voll NÄHE
BERÜHREN
voll KRAFT
in LUST
MICH
ERGREIFEN ....
lass' UNS
betrunken sein ....
.... BETRUNKEN von UNS**

für C.-o-o- K. .... 16. November 2014

In Lust begegnen

hat nicht viel gefehlt
....ich hätte mich geöffnet
DIR aus der Ferne....

....dabei lodert die Sehnsucht
in MIR
DIREKT zu spüren.... UNS

wie es ist....
wie es fließt....
wie es schmeckt....

....das Bad in Lust
zu BEGEGNEN....

für C.-o-o- K. .... 17. November 2014

POETRYspecials – GEDICHT im Speziellen

Gedicht
....im Allgemeinen....
Gewesenes und Beständiges in poetischer Form

Beobachtung und Perspektive
von Zustand und Wille,
Reflexion und Abstraktion,
von Realität und Sein
birgt in sich keinerlei Bedrohung
und Gefahr durch Andere.

Poetry - as real View of Life
express thoughts without danger

EROTISCHES GEDICHT
....im Speziellen....
SEHNSÜCHTE und PHANTASIE
in poetischer Form

EMOTIONEN und BEGEHREN von
ERWACHENDEN GELÜSTEN und BEGIERDEN,
TRAUM und DETAILLUST von KÖRPERLICHEN WÜNSCHEN
birgt in sich den TAUMEL und die GEFAHR,
die ANGST zwischen WOLLEN und HABEN,
den SPALT nicht zu sehen
....und ABSTURZ in die REALITÄT des ANDEREN.

POETRY - as SPECIAL EROTIC VIEW of LUST
HIDES the FALL from WAVES of EMOTIONAL HEIGHTS

20. November 2014

Verdammter Vogel

Verdammter Vogel
EINSAMKEIT
kommst daher
mit deinen kalten Schwingen!

Hatt' ICH dich nicht längst
weg geschickt?

Nun bist du da
OHNE mir TROST zu bringen!

23. November 2014

Erinnerung

In der Erinnerung
konzentriert sich Zeit
realen LEBENS
auf kurze MOMENTE.

Zu viele Verschwendungen
& Abschnitte
ohne wirklich WESENTLICHES.

Nun, die ZEIT ist reif
& das GEFÜHL akut,
wirklichen LEBENS
& keine ENERGIE vergeudend
in trügliche Realitäten.

23. November 2014

Wieder-Sehen

**Erste BLICKE
trafen sich im Mittelpunkt
HUNGRIG-ER Augen.**

**AHNEN-des WIEDER-Sehen
deiner strebenden,
von der Aura
eines zerstörerischen Engels
umgebenen Gestalt
& deiner sanften,
ERREGEN-de Feuer
entfachenden Augen,
NEIG-END,
in grenzenlose LIEBE
zu ver-FALL-en.**

**NEU-GIER
verdrängte die Scheu
vor un-BEKANNT-em
Ausgang.**

23. November 2014

Engeltanz

Totale ÜberLADUNG der Gedanken,
Gang entlang der Straße,
voll Unlust auf kommende LEERE.

Da öffnet ÜBER-FALL-END sich der Vorhang,
ER-SCHEIN-END die LUST.

ENGEL,
TRAG-END die Haartracht des Königs letzter Jahrhunderte.
ENGEL,
BE-GLEIT-END letzte Nebelschleier.
ENGEL,
BLICK-END zurück mit LÄCHELN.

UN-HOFF-END
TANZ,
ER-LEB-END & VER-LOCK-END
TANZ,
NEU-REIZ-END
TANZ,
VER-LIEB-END

Ereignis ungewollt GEWES-END.
VERSCHWUNDEN-ER *Engel* ist BLEIBEND-ER *Tanz.*

24. November 2014

Walk along the line - Seiltanz

Die Emotion ....
das Gefühl eine Sekunde
.... jede Sekunde
Ewigkeiten dauert & dich von deinen Bedürfnissen ....
die du in die Situation gelegt, ... von denen du ich leiten lässt,
dabei aber offen bleibst für Neues ....
dich doch entfernt von deinem innersten Verlangen

.... bevor du stehen gelassen wirst

.... drehst du dich um ....
mach's gut, bis irgendwann
.... & begibst dich - testend ob gerades Gehen möglich -
auf den *Walk along the line - Seiltanz.*

Angesagt ist ohnmächtiges Schweben
einem Taumel gleich ....
doch ist dies nicht das richtige Wort
.... fühlst du doch sicher den Boden
unter deinem Schritt ....
kein Netz nötig - denkst du!
Aber .... hey .... mach' mal die Augen zu!
Dir kommt ins Bewußtsein ....
Tanzen könntest du jetzt nicht
.... dazu fehlt dir sicheres Impulsgefühl,
dem Fliegen gleich,
was Tanzen bewirken kann

& Unsicherheit verurteilt zum Fallen ....
gegangen
& Leere im Kopf empfangen.

Doch wie viel leerer fühltest du ....
wärst du verharrt - anstatt zu gehen
& dann gegangen worden.

Weg mit der Theatralik!
Der erste Tag,
der Rest deines Lebens!

Lass' ihn auf seiner Suche
nach seinem Weg ziehen und
toleriere .... du spielst nur eine Nebenrolle.
Du bist auf deiner Suche
.... welche niemals abschließt
Suche ist schöner als Finden.
Fixier' dich nicht
auf Jemand, Etwas, Sonstwas ....
sieh' die drei Wege,
welche sich auf der Straße der Suche
immer wieder auftun ....
& entscheide dich für das *JETZT*.

Das Ende kommt.
Sobald du es willst .... früher oder später.

Verleugne keines deiner Bedürfnisse
und versäume nicht,
dich einzubringen - solange du es willst.
Total, gewaltig & weiterhin ....
.... ist dir Kontakt wichtig.

Bewahre Hartnäckigkeit & Stärke,
ohne an den Fersen zu kleben.
.... mit dem Gefühl für *Ausschöpfung der Möglichkeiten.*

Reize Ihn. Begeistere Ihn. Fordere Ihn.

Erst die Aufzehrung deiner Energie
zeigt dir Nichtweiterkommen
& führt dir neue Wege vor Augen.

Liebe Ihn.

Bekämpfe den Taumel,
den dir der *Walk along the line* .... einem Seiltanz gleich ....
vermittelt .... & bring' in deinen Schritt

Deine Ideen. Deine Gefühle. Deine Liebe.

Damit sie dir als Boden dienen.
Du brauchst kein Netz .... denn veränderst du auch
das Gewicht der Wichtigkeiten ....
.... setzt du doch immer
durch deine *PERÖNLICHKEIT*
die augenblicklich richtige *POLARITÄT*
entgegen, dass Fallen unmöglich.

Hey, der Seiltanz zeigt dir Grenzen,
lässt dich aber auch immer wieder auf Neues stoßen.

Scheitern und Sterben .... NEIN!

Zieh' dir aus dem, was sich dir bietet *das POSITIVE*
für deine LIEBE .... beim Walk along the line - Seiltanz!

C.-o-o-K. .... 06. November 2014

November

**Jetzt wird es Zeit,
tief durch zu atmen,**

**denn der Takt der Musik
bohrt sich mal wieder
- es ist November -
ins Herz.**

**Interesse angekratzt,
nach erstem Flimmern,
leuchtend flackernd zwar
- ein Brandungsfeuer
irgendwo am Hirnhorizont -
Ritt auf gefährlichen Wellen!**

**Phantastische Schmetterlinge,
- schreiend - verwirrend -
die Windungen.
Jetzt bloß nicht durchknallen.
Kurzschluß birgt Gefahr
des irrenden Absturz
- in die Kälte des November.**

29. November 2014

Alles nur kopiert

Heut' dein eMail-Geschriebe
mit meinen Wörtern wie Hiebe,
nimmst dir Zeit und viel Raum,
machst dir Mühe, man glaubt es kaum.

Zeigst mit dem, was du schreibst,
daß du schön bei dir bleibst,
denn kein eigenes Wort
dringt heraus an den Ort,
wo ich bin - hab' kapiert
ist doch alles nur kopiert.

Was bezweckst du mit dem?
Zeigst mir dein/mein Problem?
Weiß nicht ganz, was du willst,
merke nur, daß du mein Herz killst.
Alles meins, was da steht,
nur Entscheidendes fehlt:
meine Gefühle, die Neugier auf Dich,
die erwähnst du hier nich'
die Sehnsucht nach dir, die hast du vergessen;
war dir das immer schon von mir zu vermessen?
So ich bin - hab' kapiert,
ist doch alles nur kopiert!

Kam bei dir was falsch an
so komm' her und mach' dich daran
es zu klären mit mir,
wenn du willst; ich öffne die Tür.
Haben wir beide den Mut,
uns zu begegnen, einfach und gut
im Miteinander-Füreinander sein
schenk' mir ein 'reinen Wein',
wo ich bin - hab' kapiert,
ist doch alles nur kopiert.

Viel von dem, was ich sagte und tat
klang für dich wie Verrat.
Glaube mir, daß es wahr ist,
ich wünsche mir, daß DU da bist!
Möchte dich mehr erleben
und dir viel von mir geben,
nur soweit ich es kann,
dir als MENSCH, dir als MANN.
So ich bin - hast DU das kapiert?
warum auch immer, du hast alles nur kopiert!

RAP zu Musik von BUSHIDO .... für C.-o-o-K. .... 29. November 2014

Dir gegenüber

Läufer der einsamen Meile,
kommst nicht raus
aus dem strudelnden Nebel, der Dich umgibt.

Schon umklammert,
von den Klauen des gierigen Geistes der Versuchung.

Der Kick in den kalten Morgen
erwartet Dich schon in der nächsten Kurve.

Filmriß -
Klappe, nächste Szene.

Die durchwachten Nächte
werden belohnt mit der Seeligkeit
des endlos dahinfließenden Augenblicks.

Neue Kraft für die kalten Glieder des sterbenden Kriegers.

Durch die Neugeburt
der Seele seines inneren Kindes
entfacht sich das Feuer einer neuen Vision.

Filmvorlauf -
Klappe, nächste Szene.

Glühende Lust
sprüht aus der Gestalt Dir gegenüber
- komm', pack' zu, bevor diese Reise endet!

für C.-o-o-K. .... 03. Dezember 2014

Funken.Flug

WEGE,
die dazwischen gehen,
rauben UNS
die Zeit,
im Laufe der Gedanken
Kick ZU SPÜREN,
wie den Schmerz
des Schweißers
beim
Funken/Flug
auf seine Haut.

Zu schnell zu Ende,
UNSER AusFLUG,
Lust den Raum zu lassen;
Wohl für BEIDE.

Zu überraschend
der Übergriff,
zu zaghaft & zu testend
was noch möglich.
Jedoch ohne FREIHEIT,
sich Zeit zu nehmen
für die einzelnen Zonen
DES RAUSCHES.

Busfahrer auf der Fahrt
durchs Land.
Zigarettenpause
auf halber Strecke
im Irgendwo.
Hilft mir jetzt auch nicht weiter.

**Bei DIR
fühl' ich ZUHAUSE.
Ja, auch wenn
ICH noch so scharre
und kein Funken
DICH berührt,
ist es wohl so,
dass ICH alleine bin;
wie DU.
Und BLEIBE(n)?**

**Busfahrer auf der Fahrt
durchs Land
der Farbe "Rost".
Tempofalle
- Blitz!
Auf schneller Strecke
im Irgendwo.
Bringt mich
jetzt auch nicht weiter.**

**Schon GAR nicht
NAH zu DIR.**

**Und wenn ICH wieder KOMME
- was sagst DU dann?
Bleibt DEINE Tür dann zu?
Tränen kleben,
salzig noch
an MEINEn Wangen.
Nicht aufzuhalten
- warum denn auch!**

Zu schlimm für MICH
das Wegzugehen.
'Halt mich!'
bebt es in MIR drin,
DIR zu sagen.
Ja, ich sehe auch
in DEINEn Augen
die DISTANZ,
umarmst mich zwar,
ein KUSS von DIR noch,
der zart am Mund
MIR haftet.
Vielleicht.... um mich zu trösten gar?
Warum tust DU das nur?

Busfahrer auf der Fahrt
durchs Land
der Sonne.
Fahrt schnörkellos
- geradewegs
im Irgendwo.
Doch umkehren JETZT
führt zu nichts.

Auch wenn der Funken/Flug,
den DU
versprühst,
MICH
längst
GETROFFEN,
mehrfach
MEINE dünne Haut der SEELE.
für C.-o-o-K. .... 11. Dezember 2014

Ausgesiebt - Aussortiert - Ausgelebt

**In der Situation der ersten Begegnung
mit
Dingen, Situationen, Menschen
F-I-N-D-E-t
s-I-C-H meist leicht
K-O-N-T-A-K-T zu den Neuen.**

**In der Situation der folgenden Begegnung
mit
den Dingen, den Situationen, den Menschen
ER-L-E-B-E
I-C-H manchmal
SYMPATHIE zu dem, der, dem Neuen.**

**In der Situation der konkreten Begegnung
mit
DEM Ding, DER Situation, DEM Mensch
L-E-B-E
I-C-H dann
L-I-E-B-E zu DEM, DER, DEM Neuen.**

**In der entscheidenden Situation der berührenden Begegnung
O-H-N-E
die neuen Dinge, die gewesenen Situationen,
M-I-T
D-I-R
DEM neuen M-E-N-S-C-H
ERLEBE
ICH ....
von D-I-R:**

- Ich bin Ausgesiebt - Ich werde Aussortiert - Ich habe Ausgelebt

für C.-o-o-K. .... 17. Dezember 2014

Verliererin - Verzagerin - Versagerin

Ich sitz' nun da, hör' Lieder, die Liebe beschwören;
wie wäre es mit: auf die innere Stimme zu hören?
"Do you want a second chance?
Come on - rise up to dance!"

Verliere mich in - Wünsch' Dir Was,
wie wäre es mit: Sag' jetzt Das!
"Do you want him once again?
Come on - rise up to forget the pain!"

Ich spür' die Angst - die Tür bleibt zu,
wie wäre es mit: geh' hin und frag' das Du!
"Do you want become that what you need?
Come on - rise up and go to meet!"

Verzage gar - er ist weit weg, hat sich versteckt,
wie wäre es mit: ich geb' nicht auf, bis die Lust geweckt!
"Do you want a second chance?
Come on - rise up to dance!"

Ich hab' die Pein - an mir ist nichts, was ihm gefällt,
wie wäre es mit: lass' dich nicht fallen, auf dass er dich hält!
"Do you want him once again?
Come on - rise up to forget the pain!"

Versage - fühl' mich, als wär' ich nichts mehr wert,
wie wäre es mit: geh' hin und zeig' wie es in dir gärt!
"Do you want become that what you need?
Come on - rise up and go to meet!"

Ich bin Verliererin - Verzagerin - Versagerin!
"DANCE! Come on - forget this bullshit - TRY NOW!"

19. Dezember 2014

ERDE und WASSER - WASSER und LUFT

Wenn ich ihn am Ufer tanzen sehe,
möcht' ich, dass er nie mehr gehe.

Nein, seine Muskeln sind es nicht,
doch folge ich ihm, langsam und dicht.

Sternenstrahl gesammelt in seinem Zauberstab,
glitzernde Tropfen wollen verströmen ihr Lab'.

Erde und Wasser kommen zusammen,
lassen sich binden, sind sich nicht fremd.
Im Nassen versunken, zergeh' ich, nicht zu verdammen
und bin in den Fluten nicht gehemmt.

Wenn er sich entblößt und sinnlich bewegt,
dann möcht ich ihm zeigen, was sich bei mir regt.

Nun, seine Muskeln reizen nur nebenbei,
die Schenkel geben sein Reizwerkzeug frei.

Packen mich seine Finger, leckt mich seine Zunge,
erhebt sich in mir ein Beben rauf bis zur Lunge.

Er tanzt vorbei,
nimmt mich doch wahr.
Ich bin der Boden,
er spiegelt die Sonne wunderbar.
Es ist ein Zauber
- wie ihn Liebe gebahr.

Erde und Wasser kommen zusammen,
lassen sich verbinden, sind sich nicht fremd.
Im Nassen versunken zergeh' ich, nicht zu verdammen
und bin in den Fluten völlig ungehemmt.

So pumpt der Süße Saft in meiner Mitte,
kompakt wie ein Hengst er und schwitzend die Ritte.

Halt mich an ihm fest mit feuchten Händen
wir reiten sehr lang, ohne uns zu verschwenden.

Es ist wie ein Dammbruch und heiß;
ich ahne, ich spüre, ich weiß:

Wasser und Luft werden vermischt,
lassen sich verbinden, sind sich nicht fremd.
Aus Feuchtigkeit verdunstet, entsteigen wir der Gischt
und sind in kühlenden Winden total enthemmt.

In Betrachtung unserer Sternzeichen .... für C.-o-o-K. .... 17. Dezember 2014

Ufer.Fluss – Fluss.Wind

4 x V. = V. + V. + V. - V.

Die VERLIERERIN hat verzagt versagt .... !
Die VERZAGERIN hat versagt verloren .... !
Die VERSAGERIN hat verloren verzagt .... !

Die VERLIERERIN ist verblendet !
Die VERZAGERIN ist verdammt !
Der VERSAGERIN wird nicht vergeben !

VERLOREN vor VERBLENDUNG ....!
VERZAGT nach VERDAMMNIS ....!
VERSAGT ohne VERGEBUNG ....!

4 x V. = V. + V. + V. - V.

VERLIEBT

.... mit Verblendung

.... mit Verdammnis

OHNE mit VERGEBUNG !

24. Dezember 2014

Dein Buch - Mein Fluch

Ich lese Dein Buch,
mit Deinen Gedichten.
Worte zeigen Deinen Gedankenfluch,
schnell zu lesen,
Deine Kurzgeschichten.
Es liest sich gut !
Ich lese Dein Buch,
ein Viertes Mal.
Deine Worte offenbaren meinen Fluch,
die Klarheit
lässt mir keine Wahl.
Es geht mir nicht gut !

für C.-o-o-K. .... 25. Dezember 2015

Wiedermal

Wiedermal zu weit gegangen ....
Wiedermal die Welt verdreht ....
Wiedermal gefühlsgefangen ....
Wiedermal Vernunft verweht ....

Ich möchte nicht vernünftig sein !
Ich möchte nichts verdreh'n !
Ich möchte nicht gefangen sein !
Ich möchte jetzt auch noch nicht geh'n !

Wider die Vernunft agieren ....!
Wieder Gefühle pur erspüren ....!
Wiedermal dich und deine Welt verführen ....!
Diesmal hab' ich viel zu verlieren ....!

25. Dezember 2014

In diesen Tagen - ni....X

In diesen Tagen!

HERZ.BLUT
die Wölfin ist in Reisezeit.

INSTINKT.MUT
die Wölfin liebt die Zweisamkeit.

SINNES.GLUT
die Wölfin taumelt in Läufigkeit.

GEDANKEN.FLUT
die Wölfin spürt die Verfänglichkeit.

SELLEN.WUT
die Wölfin schleicht in Einsamkeit.

ni....X. GUT
die Wölfin spürt die Ungehörlichkeit

In diesen Tagen!

25. Dezember 2014

Loser

L o s t
in pain
L o s t
in words
L o s t
in space
L o s t
in thought
L o s t
in the shuffle
L o s t
in loneliness
L o s t
in dreams
L o s t
in desire
L o s t
in hope
L o s t
in lust

Loser!

I 'm not
a L o s e r !
I 'm just L o s t in L O V E !

07. Januar 2014

Pendelei mit Bus und Wendlandbahn

Mein Kurztripp, letztes Wochenende
führt mich ins Wendland wiedermal.
Mit dem erixx geht es ganz behende,
bequem und günstig Richtung Elbetal.

In Dannenberg-Ost dann, dort beginnt die Odyssee;
steh' über eine Stund', auf den Bus nach Lüchow wartend immerzu,
unterm Fahrradständer, stürmisch fällt der erste Schnee.
Es ist kalt, naß und ungemütlich noch dazu.

Schön ist hier der Vorplatz ja gestaltet,
doch das Gebäude groß geschlossen.
Wird das hier denn nur so verwaltet (?),
kommt's mir, draußen wartend, in den Kopf geschossen.

Verfroren naß, vom eisig Wind zerzaust,
am meisten leidet meine Hündin,
steig' in den Bus, der jetzt kommt langsam angesaust;
froh, dass ich nun mit Tier im Trocknen bin.

Die Fahrt nach Lüchow dann geht flott.
Schön, denn ich bin fast in Jeetzel, meinem Ziel.
Doch hier gibt es den gleichen Trott.
Die Zeit in Kälte warten - wieder eine Stunde viel.

Auf der Rückfahrt dann, nach drei Tagen,
kann Ähnliches ich nur berichten.
Um den erixx zu erreichen, muss ich viel ertragen,
wenn auch Menschen ihre Güte auf mich richten.

Lüchow ZOB, auch kein Unterstand. Bei Sturm und Regen,
muss mir was suchen, um mich zu schützen und die Hündin auch
Im EC-Raum der Volksbank könn' wir im Trocknen uns bewegen,
doch naß sind schon wir beide, hungrig ist der Bauch.

Wir müssen elend aussehen, naß, wartend und verlassen,
dass eine Frau, mir unbekannt, fragt ob sie Geld mir geben darf.
Ich stutze nur und kann es gar nicht fassen;
"an Weihnacht' da fließt Geld genug,
sagt sie - fünfzig Euro gibt sie mir für mein Bedarf.

Beglückt noch von dem Geschenk, ich nahm' es an,
hol' ich gegen den Hunger noch was schnell.
Der Bus nach Dannenberg, kommt endlich dann,
die Hündin freut sich, hört auf mit dem Gebell.

Dannenberg-Ost - der große Bahnhof, zu, die Lichter aus,
finden wir Unterschlupf, ich klingle einfach dort,
im bewohnten Seitenteil schützt uns das Treppenhaus.
wir warten über eine Stunde, bis der erixx uns fährt fort.

Ich zahle nichts - der Kartenautomat steht still,
so fahr'n wir durch die Nacht gen Lüneburg, geradewegs.
Wär schön, gäb's einen Zug, der über Lüchow fährt, wenn ich will;
so denke ich nach über die Zeit, die wir sind unterwegs.

29. Dezember 2014
Leserinbrief an die "Elbe-Jeetzel-Zeitung" Thema "Bahn -/Bus-Infrastruktur - Pendler im Wendland"

Stadt.Wege

Unter Ferner Liefen

Der Mensch

unter Vielen - Unter Ferner Liefen

**- nackt geboren
vom Hirn her auserkoren,
zu leben
in besonderem Maß,
bei Geburt**

unter Vielen - Unter Ferner Liefen

- beschmiert und naß.

Der Mensch

unter Vielen - Unter Ferner Liefen

**- jede Sekunde,
versehen mit einer Wunde,
zu leiden
mit Gestöhne, Weh', Geschrei
als Neuer**

unter Vielen - Unter Ferner Liefen

- jeder war einmal in einem Ei.

Der Mensch

unter Vielen - Unter Ferner Liefen

- wächst heran,
bis er sich behaupten kann,
zu lenken
seine Schritte und sein Handeln,
mit Bedacht

unter Vielen - Unter Ferner Liefen

- um in Lebenslust zu wandeln.

Der Mensch

unter Vielen - Unter Ferner Liefen

- bringt zu Ende,
mal mit, mal ohne Wende,
zu leben
bis es nicht mehr geht,
bei Tod

unter Vielen - Unter Ferner Liefen

- begraben und verweht.

05. Januar 2015

SIE nimmt ES sich

SIE
liebt
das Leben
& es hat sich von IHR abgewandt !

SIE
liebt
das Leben
& es hat IHR starkes Begehren verdammt !

SIE
liebt
das Leben
& es hat den Rhythmus, der nicht zu IHR passt !

SIE
liebt
das Leben
& es hat IHR die Verantwortung für andere gegeben !

SIE
liebt
das Leben
& es hat IHR Kälte und Einsamkeit gebracht !

SIE
liebt
das Leben
& es hat IHR versagt, ganz Frau zu sein !

SIE
liebt
das Leben
& es hat sich IHR versperrt !

STOP! LebensLUST

SIE
liebt
das Leben
& es IST IHR LEBEN !

SIE
liebt
das Leben
& SIE NIMMT es SICH !

07. Januar 2015

Kein Willkommen

In toten Netzen
zappeln in der Masse Aale,
zwei Schlangen und ein Krebs,
winden sich Synapsen
zu transmittern klaren Blick.

In kalter Funkstille
stürmt es am warmen Hafen,
zeigt sich kein sicherer Platz
zum Auswerfen des Ankers.

In prallen Netzen
zucken in der Menge Aale,
die Schlangen in des Krebses Zangen,
suchen die Zwei das Funkloch,
zur Flucht gemeinsam raus.

Im gesperrten Hafen
gibt es kein Willkommen,
treibt der Gefühlsfluß
zu Ufern ohne sicheren Halt.

In kaputten Netzen
liegen im Haufen toter Aale,
die Schlangen verbissen mit dem Krebs,
erstrecken sich zwei Schlangenkörper,
zu finden Ruhe in Gedanken.

Im entfernten Hafen
sind warme, leere Plätze
wehren ab die Sehnsucht,
zu finden ein Zuhaus'.

In verwirrten Netzen
modern in Klumpen Aale,
zwei Schlangen sich würgend und ein Krebs,
finden die Schlangen nicht zueinander,
zu geben sich gemeinsamen Halt.

Die Nacht ohne Hafen
ist kalt und einsam.
Nightmare came into my brain,
has stolen my heart & brought me some pain.
Die Nacht ohne Hafen
zeigt: kein Willkommen
im neuen Land !

09. Januar 2015

Das Immer-Wenn

Ich war viele Gestern in Deinem Kreis
und suchte Dich nicht.

Als ich im Garten um die Ecken wandelte,
fand ich Dich.
Mein Herz schlug angenehm ruhig
und im Bauch war mir wohlig warm.
Du kamst näher, sahst mich,
nahmst mit mir einen Weg;
jedoch wußte ich nicht,
ob ich Dich noch weiter treffe.

Als ich Dich heute wieder sehe,
schlägt mein Herz wild,
im Gehen werden meine Knie locker.
Als ich Dich heute nicht mehr sehe,
schlägt mein Herz kaum,
im Gehen werden meine Knie wacklig.

Diese, Deine Kälte an diesem Heute
kann sie nicht töten
diese, meine Wärme, die für Dich in mir weilt,
sehe ich Dich, Deine Gestalt,
höre ich Dich, Deine Stimme,
rieche ich Dich, Deinen Duft,
fühle ich Dich, Deine Umarmung - nicht mehr,
denn Du bleibst auf Distanz.

Das 1. Mal. Das 2. Mal. Das 3. Mal. Immer-Wenn!
Immer-Wenn ICH DICH sehe, höre, rieche und fühle,
ICH auch nur an DICH denke! Immer-Wenn !

Diese, Deine Wärme von diesem Gestern
konnte mich beleben
diese, meine Wärme, die für Dich in mir weilt,
sah ich Dich, Deine Gestalt,
hörte ich Dich, Deine Stimme,
roch ich Dich, Deinen Duft,
fühlte ich Dich, Deine Umarmung - immer mehr,
als Du sehr in meine Nähe kamst.

Ich bin am Heute in Deinem Kreis
und suche Dich nicht.

Als ich im Park
um die Ecke gehe
finde ich Dich.
Mein Herz schlägt wild
und im Bauch wird mir flau warm
Du entfernst Dich, siehst mich nicht
nimmst ohne mich andere Wege;
jedoch ich weiß, ich werde Dich noch treffen.

für C.-o-o-K. .... 09. Januar 2015

Ein Mann im Wald

Ein Mann im Wald
steht unbewegt,
doch höchst erregt.
Fragt, wer mag er sein,
so erregt, doch unbewegt,
ein Mann im Wald.

Kälte ihn zum Rubbeln drängt,
nimmt einen Mantel rot,
bedeckt er seinen harten Stock.
Zwischen vielen Dornen
er nicht sieht
die Rose einzig, fürwahr reizend.
Ihr Duft verweht
lieb kosend
einen Schatten,
Mann im Wald.

Ein Mann im Wald
trägt in sich
das Herz ganz schwarz.
Fragt, wer mag er sein,
schwarzen Herzens,
ein Mann im Wald.

Sonne ihn zum Blinzeln zwingt,
lässt seinen Stock steif stehen,
strahlt ihn an das Licht.
Zwischen vielen Dornen
er jetzt sieht
die Rose einzig, fürwahr lockend.
Ihr Duft betört
wärmend reizend
einen Blender,
Mann im Wald.

Ein Mann im Wald
mit steifem Stock und schwarzem Herz
steht unbewegt erregt,
die Dornen seiner Seele
versperren ihm den Weg zur einzig Rose,
die nicht spart mit Reizen unentwegt,
zu betören, lockend zu bewegen
Mann im Wald.

19. Januar 2015

... ist nicht gleich ....

Begegnung
ist
nicht
gleich
Berührung

      Berührung
      ist
      nicht
      gleich
      Empfindung

            Empfindung
            ist
            nicht
            gleich
            Empfängnis

      Empfängnis
      ist
      nicht
      gleich
      Zuwendung

Zuwendung
ist
nicht
gleich
Zuhören

Zuhören
ist
nicht
gleich
Verstehen

Verstehen
ist
nicht
gleich
Hingebung

Hingebung
ist
nicht
gleich
L i e b e

L i e b e ist nicht gleich L i e b e

W a n n ist L i e b e gleich L i e b e ?

20. Januar 2015

Bleibt meine Leben mein Leben?

Kalt,
und eisglatt
auf
der Verliererstraße.
Geruch
nach
schleichendem Tod
und
nacktem Fluch.

Stahlharte Hände
greifen
vom Rand Macht an sich,
Nacht
überdeckt
Sonnenlicht.

Nebel schleudert
aus
der Einsamkeit.
Kampf
um
Liebe
und
Leben - Verdammnis.

Immer
wieder Seitenwege,
auch
Sackgassen.
Blick
in Ferne,
Engel
tun neue Wege
auf.

Hilft meine Liebe?
Reicht meine Kraft?
Verheilt meine Seele?

Auf immer Verliererin?
Sowieso Versagerin?
Nur noch Verdammnis?

Gibt es ein Ende nach dem Tod?

Hat Macht mein Kampf?
Ist Einsamkeit mein Fluch?
Sind meine Straßen ohne Herz?

Bleibt mein Leben mein Leben?

20. Januar 2015

Angels look from heaven clouds

**Verschwinden
aus der Wirklichkeit
könnte sein
Schweben in Unendlichkeit**

**Angels look
from heaven clouds
see humans
fighting for their right to exist**

**Schweben
in Unendlichkeit
müsste sein
Entspannen aus Verbindlichkeit**

**Angels look
from heaven clouds
see humans
freezing in their scheme of life**

**Entspannen
aus Verbindlichkeit
könnte sein
Fliegen in Leichtigkeit**

29 Januar 2015

Moon – Shadow – Moon

Bright MOON
slowly
freed from ALPHA DOG

Burned SHADOW
deeply
crossed by SHALLOW PATCHY FOG

Black SUN
quickly
aimed high from BLOODY BOG

29. Januar 2015

Mond – Schatten – Mond

**Wandelnd
im Gebiet des Anderen
steht Frau vor eigener Verletzlichkeit
zu öffnen die Seele mit Hingabe
und findet im Gegenüber ein sich öffnendes Spiegelbild
hinter dessen Verletzlichkeit
sich eine Gemeinsamkeit verbirgt.**

**Leuchtender Mond, der Du Dich allmählich befreit hast
von Tod bringender Freundschaft.**

**Schwebend
in Grauzonen des Anderen
steht Frau vor eigener Vertrautheit
zu öffnen das Herz mit Wärme
und entdeckt im Gegenüber ein sich öffnendes Gegenstück
mit dessen Vertrautheit
sich eine Gefühlslücke verschließt.**

**Verbrannter Schatten, der Du tief durchkreuzt bist
von Bodennebelschwaden.**

Fliegend
im Grenzbereich des Anderen
steht Frau vor eigener Verbundenheit
zu öffnen die Liebe mit Hingabe
und findet im Gegenüber ein sich öffnendes Spiegelbild
mit dessen Verbundenheit
sich eine Gemeinsamkeit verwebt.

Schwarze Sonne, die Du schnell emporgestiegen bist
aus dem blutigen Todesmoor.

Beglückend
im Garten des Anderen
wandelt Frau
mit eigener Verletzlichkeit
schwebt Frau
durch eigene Vertrautheit
fliegt Frau
mittels eigener Verbundenheit
zu öffnen
Seele, Herz und Liebe mit Wärme und Hingabe
und erforscht im Gegenüber einen sich öffnenden Anderen
mit eigener Verletzlichkeit, Vertrautheit und Verbundenheit
und sie schließen ihre Gefühlslücke(n)
mit Gemeinsamkeit.

29. Januar 2015

Schwarzer Vogel singt beim Tod

Schwarzer Vogel singt beim Tod
der blauen Nacht.
Im schleiern' Nebel
frischer Morgentau erwacht.

Sonne schießt mit glühend' Rot
des ersten Strahls.
An des wilden Stromes
Ufer ein Frauenkörper - tot.

> In den frühen Morgenstunden
> wurde am Ufer des Flußes eine noch nicht identifizierte Frau
> tot aufgefunden. Alles deutet auf einen Tod
> durch Ertrinken hin, es gibt keinerlei Anzeichen
> von Fremdverschulden. Der Obduktionsbericht ergab'
> eine Überdosis Liebe sowie Spuren von Sehnsucht
> und Verzweiflung. Die tote Frau hat einen Abschiedsbrief
> hinterlassen; in diesem verabschiedet sie sich
> entschlossen von der Einsamkeit.

Geh', geh' hinfort!
Verlasse meinen Liebesort.
Hört sie ihn, den sie so begehrt,
zuletzt sagen ihr und sie macht kehrt.
Taucht' ein ins dunkle, wilde Wasser sie,
voll Trauer ob verlorener Heimat, betrübt wie nie.

30. Januar 2015

Komm' her Kind

Liebe eingesperrt

Eisenpanzer festgezerrt

Begegnung das Herz wohl kaum erreicht

Berührung die Seele wohl nie erweicht

Komm' her Kind im Mensch, stirb' jetzt nicht für immer,
auch wenn das Leben keine Hoffnung zeigt.

Komm' lass' uns spielen, lachen, tanzen wie noch nimmer,
auch wenn das Leben Einsamkeit nur zeigt.

01. Februar 2015

Schlaf' Mädchen, Schlaf'

Gedanken wissen keine Antwort.
Augen schließen sich zur Nacht.
Fragen bleiben einfach hängen.
Jäh erscheint DER Mann im Traum.
Seine Worte schweben in der Luft.
Bremst sich nicht, Mich zu berühren.
Ertastend Zonen Meines Zinnoberflußes.
Findet ER Quellen Meines Ergußes.
ER weiß alles, um Mich zu verführen.
Erregend wiedermal Sein Duft.
Lust verbreitet sich im Raum.
Körper unsere sich zueinander drängen.
Jetzt bloß nicht aufgewacht.
Sonst ER ist hinweg, hinfort.

> Schlaf' Mädchen, Schlaf'. DER TraumMann tut, was ER darf.
> Um Deine Liebe muß ER nicht kämpfen. Doch Bitterkeit in Sich wohl dämpfen.
> Schlaf', genieß' Mädchen, Schlaf'.

Gedanken wussten keine Antwort.
Augen schloßen sich zur Nacht.
Fragen blieben einfach hängen.
Jäh erschien DER Mann im Traum.
Seine Worte schwebten in der Luft.
Bremste sich nicht, Mich zu berühren.
Ertastend Zonen Meines Zinnoberflußes.
Fand ER Quellen Meines Ergußes.
Wußte alles, um Mich zu verführen.
Erregend wiedermal Sein Duft.
Lust verbreitete sich im Raum.
Körper unsere sich zueinander drängten.
Jetzt war Ich aufgewacht.
Und ER .... hinweg, hinfort.

05 Februar 2015

zählt ZEHN bis EINS

Zehn
Seht ihr sie gen Himmel geh'n.

Zehn, Neun
Besiegeln ihren Pakt, nichts bereu'n.

Zehn, Neun, Acht
Sie kamen aus tief berauschter Nacht.

Zehn, Neun, Acht, Sieben
Hatten es ohne Scham und End' getrieben.

Zehn, Neun, Acht, Sieben, Sechs
Da ist Er, der Hexer und da ist Sie, die Hex'.

Zehn, Neun, Acht, Sieben, Sechs, Fünf
Trunken von den Wellen in ihrn erotisch' Sümpf.

Zehn, Neun, Acht, Sieben, Sechs, Fünf, Vier
Stehn sie nun eng umschlungen noch zusammen hier.

Zehn, Neun, Acht, Sieben, Sechs, Fünf, Vier, Drei
Schenken sich einander wilde Küsse, total frank und frei.

Zehn, Neun, Acht, Sieben, Sechs, Fünf, Vier, Drei, Zwo
Soviel Lust in Wogen sah man bisher wirklich noch nirgendwo.

Zehn, Neun, Acht, Sieben, Sechs, Fünf, Vier, Drei, Zwo, Eins
Ehrlich, achtsam, zärtlich und erregt im Ihrer Beider, Deins, Meins.

05. Februar 2015

Du kommst nicht

Feuer brennen,
Lichter rennen.
Du kommst nicht vorbei.
Weg versperrt - umgekehrt.
Du kommst nicht vorbei.

Hab' Acht - vor der Nacht.
Sie kommt - Du kommst nicht.
Sie kommt, eh' Du Dich versiehst.
Vor der Nacht - hab' Acht.

Nun stehst Du
draußen
vor der Tür,
am Tore
ganz allein,
der Tränen
kommen viele,
lass' sie sein.
Die Laterne
gibt Dir Licht,
denn im Dunkeln
siehst Du nicht
viel von dem,
was Dich umgibt.

Hab' Acht - vor der Nacht.
Sie kommt - Du kommst nicht.
Sie kommt, eh' Du Dich versiehst.
Vor der Nacht hab' Acht.

Nun siehst Du
draußen
an der Tür
vorm Tore
nur Dich allein,
die Anderen,
ja deren viele,
lass' sie sein.
Die Laterne
gibt kein Licht,
doch im Dunkeln
stehst Du nicht
tief in dem,
was Dich umgibt.

Hab' Acht - vor der Nacht.
Sie kommt - Du kommst nicht.
Sie kommt,
eh' Du Dich versiehst.
Vor der Nacht - hab' Acht.

Feuer rennen,
Menschen brennen.
Du kommst nicht vorbei.
Weg versperrt - umgekehrt.
Du kommst nicht vorbei.

07. Februar 2015

FREIHERRn-Edelleute-Prinzen-PACK

Freiheit empfunden.
Doch wieder Hände gebunden.
Seele bald zerschunden.
Toleranz in Wunden.

FREIHERRn-Edelleute-Prinzen-PACK,
Eure Spielchen hab' ich SATT!
Bleibt bloß in Euren Palast-Höhlen,
Lauft mir ja nicht über'n Weg!
Haltet Euch nicht an gegebenes Wort
Das ist mir fremd; ich bin verständnislos!

Für mich und die Meinen zählt Ehrlichkeit,
Ich finde eine bessere Möglichkeit!
Um zu leben FREI und UNGEBUNDEN,
Von den Blaublut-Seelenlosen-Wunden!
Seele schwingt im eigenen Mut,
Unabhängigkeit tut mir jetzt gut!
DU, FREIHERRn-Edelleute-Prinzen-PACK,
Bleib' in Deinem Goldenen Sack!

10. Februar 2015

Engelfeuer

Am breiten Strom das Ufer, ein guter Ort zu sein.
Blick auf's Wasser spült weg so manche Pein.

So steh' ich bis es dunkelt, Sternenrausch am Himmel funkelt.

Kerzen geben
mir kaum Licht,
bisher kam
jener Seemann nicht,
der mich mitnimmt
auf sein Boot.
Am Himmel
leuchtet blutig
AbendRot.

Wenn Engel im Feuer steh'n, kann ich Wolken brennen seh'n.

11. Februar 2015

An Dich

Nachts, gerne weil' ich
in der kleinen Stadt am Fluß,
der ruhig durchzieht,
spiegelt wider Leuchten, deren Schein.
Über mir am weiten Himmel
Kraniche anmutig fliegen
in geordnet' Schattenform.
Gehe diese eine Neue Straße,
hoffend hier Quartier
zu finden, endlich.
Um zu leben hier im Land
und zu leben überhaupt.

Die Gedanken sind bei Dir,
der Blick wohl hin
zum Dorf mit Heimatduft.
Sterne funkeln über mir
mit ihren Bildern
in Deine Richtung, doch
Du bist weit weg.
Noch im Ohr ist Deine Stimme,
die mir gut tat und auch nicht.
Doch vertrau' ich Dir
und Deiner ehrlich' Art.
Frage mich,
was ist es bloß, was
Dich so stark mißtrauen lässt ....?

Ja, ich sehe Deine Wunden
aus vergangner Zeit,
doch vergleich' mich nicht
mit alten Frauen,
denn sie bin ich wirklich nicht.

**Bin noch jung
und so voll Liebe,
die ich teilen möchte.
Doch Du willst sie nicht.
Ein zweites Mal
hinweg just über mir
die Kraniche in Deine Richtung
streichen durch die Nacht.
Ich kann machen,
was ich will,
Du bist immer da
und doch weit weg.
Jede Straße ich passiere
und sei sie noch so klein,
zu erspüren diese Stadt,
die mich beseelt wie ein Juwel.
Später dann in
meiner Wendenzelle Nr. 5
ist sie wieder da
die Tristess, the Loudness
of my Loneliness.**

**Schreibe diesen Brief – ich muß – an Dich
doch möcht' ich lieber Deine Stimme hör'n
deine Zärtlichkeit, die ich schon fühlen durfte, wieder spür'n.
Einmalig schön – war es auch kurz – so bleibt es
immer mir im Sein, wie viel Liebe in Dir schlummert.**

**Sei jetzt hier !
- Du bist nicht da, und ich allein.**

unfrank.iert per Post an C.-o-o-K. …. 15. Februar 2015

TrauerFall

TrauerFall
auf fruchtbar' Boden
meiner eigen Seele zum Verbleib.

Schönheit starrt mich an in voller Härte.

Mauer
Stein
Eisen
bricht mein Herz,
weiß weder und weiß noch
wie und wo
ich die Tränen lassen
kann.

Gedanken - ohne Antwort.
Blicke - voller Fragen.
Gehörtes - voller Wissen.
Gesagtes - ohne Zweifel.

Glaube,
Liebe,
Hoffnung,
woran wozu worauf?

Sinn frage was jetzt noch an Wert,
das Leben mir noch gibt!

TrauerFall
auf fruchtbar' Boden
meiner eigen Seele zum Verbleib.

18. Februar 2015

Zonen der Stille

Zonen der Stille

**Unerwartete Explosion
Berauschte Energie**

**Fremdenheit und Wahrnehmung
Sprachlosigkeit**

**Verbundenheit wortreicher Geschichten
Im Gedächtnis haftend**

**Unwahrscheinliches
Lebendig mit Liebe und Gelächter**

**Herzlichkeit in Zeiten
Wohliger Erinnerungen**

**Teilten wir miteinander viele
Sprachen und Wörter**

**Nähe gar Liebesgefühl
Hatten auf eine sanfte Art aus Feuer**

Zonen der Stille

18. Februar 2015

Tillman_

Komm' Spielmann, komm', sei jetzt hier.
Siehst Du nicht, wie sehr ich frier'!
Nur Du vermagst mir Wärme zu erwecken.
Andere halten Dich für einen Gecken.
Doch mir, mir bist Du mehr.
Jetzt warte ich auf Deine Wiederkehr.

Warte singend, tanzend, lachend,
jedoch ist das Begehren wachend,
zu singen, tanzen, lachen auch mit Dir.
Warum bist Du jetzt nicht hier?

Hör' Dich sagen, alles sei so schlecht.
Möcht' Dir geben Hoffnung echt.
So, wie Du mir Wärme schenktest.
Auch wenn anders Du es lenktest.

So, ich nun denn kaum Hoffnung wage,
selbst wenn ich das auch hier jetzt sage:
Komm' Spielmann, komm', sei hier.
Hier, jetzt, hier bei mir!

Und der Tillman, der bleibt unbewegt.
Bald sich nichts mehr an ihm regt.
Innen drin sieht's kaum anders aus.
Nichts lässt er aus sich heraus.
Tillman's Herz trägt Trauerfarbe.
Durchzogen quer von blutiger Narbe.

Oh, hey Till,
he seems so lonely.
Life remains so quiet only.
No more games of joy and laughing
what is Tillman's way, what is he doing?
Right now he could win joyness
but he's waiting for a princess;
she really should be perfect
he looks in certain markets to connect.
Till waits behind his walls,
until sunset comes and he hopes she calls.

Komm' Spielmann, komm', sei jetzt hier.
Siehst Du nicht, wie sehr ich frier'!
Nur Du vermagst mir Wärme zu erwecken.
Andere halten Dich für einen Gecken.
Doch mir, mir bist Du mehr.
Jetzt wart' ich auf Deine Wiederkehr.

19. Februar 2015

Zwei edlen Blutes

Seht die Zwei,
edlen Blutes
an Leben voll,
füreinander bestimmt
und so liebestoll.
Jedoch sich zu treffen,
ließ sie hadern.

Die Mauer sie entzweit,
breit und hoch.

Sie rief zu ihm,
jenseits der Mauer,
jeglich' Sperr' zu überwinden.
Der Kerzen drei
wollt' sie entzünden,
zu leuchten ihm
in dunkler Nacht.

Ein böses Weib
ihr Wort wohl hört'
und stellt sich taub,
als wenn sie schlief.
Weil der Nacht
sie löscht' die Kerzen,
Er stürzte tief.

Zu retten ihn,
rief Sie um Hilfe.
Das böse Weib
bot gar Dienst ihr an,
zu erklimmen
der Mauer andre Seite.
Dort fand Sie ihn,
umschloß ihn mit den Armen,
küßt' den blassen Mund.
Doch blieb Er stumm,
Sie krank im jungen Herz.
Es gab kein Erbarmen.

Sie nahm den Weg zurück,
erklomm die Mauer
und stürzte tief,
wohl neben ihren Liebsten.
Mutter und Vater sahen
Beide lebend nimmer mehr.

In Gassen schallt' Glockenläut',
ertönte Wehleid in der Not.
Da lagen die Zwei,
edlen Blutes
und beide waren tot.

19. Februar 2015

Spring.Time

Awake!

**Time of Coldness
Emptyness and Sadness
seems to be over.**

Awake!

**Nature comes back
from Winter Silence
to celebrate a Re-Birth.**

**Im Namen meiner Seele,
beim Blute meines Herzens,
tanzend
diese Straße
führt zum Leben ....**

**.... but
Spring
meets
Fall
and my lonely
Heart of Soul
is
too tired
to dance
in Spring.Time
nowadays ....**

.... but
my Love
saves me,
takes me onto
a wave
of energy,
which
brings me
right up
to another part
of my street
where Dancing
is like Flying
and
Life seems
being
Spring.Time.

Awake!

Im Namen meiner Seele,
Beim Blute meines Herzens,
tanzend
diese Straße
führt zum Leben ....

21. Februar 2015

Wenn sich unsere Wege treffen

WolkenGrau
mit HimmelBlau
trifft AbendRot
beim TagesTod.

NachtSchwarz
mit SternenQuarz
trifft unbewohnt
den Neuen Mond.

BlauStunde
mit NebelWunde
ruft BlackBird
und Morgen wird.

Wenn beim Tod des Tages im AbendRot
die Wolken grau scheinen und das Blaue vom Himmel beweinen ....

Wenn der Neue Mond im SternenQuarz
der Schwarzen Nacht bleibt unbewacht ....

Wenn beim MorgenWerden im NebelBlau
der WunderStunde weder noch BlackBird singt, dann doch ....

.... weiß ich, Zeit stiehlt mir den Zauber
der Liebe, ich muss neue Wege geh'n ....
.... glaub' ich an die Kraft der Liebe,
beschenke ich mein Sein mit Zauber ....

.... aus MIR ....
.... und aus DIR ....
.... wenn sich unsere Wege treffen.

23. Februar 2015

Du trittst und triffst

Du trittst,
Du trittst,
Du trittst
in mein Leben....

Du triffst,
Du triffst
ins Herz mich....
Du trittst
mich ins Herz....
Du triffst
in mein Leben....

Wer bist Du?
I don't know.
Du bist da -
I just know!

Wenn die Zeiten
plötzlich rückwärts geh'n,
bleiben Worte steh'n,
die vor UNS
noch Keiner sprach
und hörte,
an denen sich auch
noch Niemand
störte.

Du trittst,
Du trittst,
Du trittst
in mein Leben....

Du triffst,
Du triffst
ins Herz mich....
Du trittst
mich ins Herz....
Du triffst
in mein Leben....

Da ist der erste AugenBlick und dann ist Alles anders.
Das Leben beginnt sehr schön zu sein und fühlt wunderbar sich an.
Da kommst Du mir so ganz besonders und hast dies' eine Zaubern.

Wer bist Du?
I don't know.
Du bist da -
I just know!

Wenn die Zeiten
dann doch vorwärts geh'n,
bleiben Taten steh'n,
über die vor UNS
noch Keiner sprach
und hörte,
an denen sich nun
doch Jemand
störte.

Du trittst,
Du trittst,
Du trittst
in mein Leben....

Du triffst,
Du triffst
ins Herz mich....

Du trittst
mich ins Herz....
Du triffst
in mein Leben....

Wer bist Du?
I don't know.
Du bist da -
I just know!
I just know!

23. Februar 2015

Die Prophezeihung von JHWH

Weißt Du noch die langen wachen Nächte
mit unseren Visionen voll einander berührender Energie,
wir uns positiv begegnend ....?

Weißt Du noch die langen warmen Nächte
mit unseren Spinnereien voll einander ansteckendem Lachen,
wir uns augenblicklich nähernd ....?

Weißt Du noch die kurzen satten Tage
mit unseren Frühstücksfesten voll uns begeisternden Träumen,
wir uns lebhaft erzählend ....?

Weißt Du noch die kurzen sanften Tage
mit unseren Realitäten voll einander unterstützendem DaSein,
wir uns phasenweise brauchend ....?

Wir sind ein schönes Paar.
Die Liebe reicht tief.
Alles passt, jedoch unsere Welten
sind nicht all to nah.
Wir sind Bruder und Schwester.
Seelengeschwister.
Wir sehen uns kaum und wenn, ist es jedesmal ein Fest.

Weißt Du, wo ich jetzt bin, Bruder?
Dort , wo Du mich immer gesehen hast!
Wie eine Prophezeihung hast Du genau gespürt, was ich brauche.

Uns trennt nichts.
Wenn wir uns wiederseh'n, ist es ein Fest;
begegnend, nähernd, erzählend, brauchend. Bis dann, JHWH ....

27. Februar 2015

EisZeit blüht Ende

Ende
der eisigen Zeit
lässt Blüten
treiben
wieder mehr
Flüsse
durch 's Land
angefüllt
sind Wassermassen
mit Treibgut
werden Geschichten
Zeugen
der Wahrheit
vor den Augen
entstehen
bunte Welten
vielerorts
weichen Eisblumen
Farbenpracht
bringt Freude den Sinnen
Ende
mit Neubeginn
schmelzt Zeiteis
zum
Nichts
zeigt mehr
Wiederbelebung
als das Ende

der Eiszeit

28. Februar 2015

Weg.Zaun

INFORMATIONEN

Gorleben soll leben

Ist Das Wir sind

UNSER GRUND

Das ist NEUGIER
Das ist BEGEGNUNG
Das ist VERSUCHUNG
Das ist BERÜHRUNG
Das ist VERFÜHRUNG
Das ist BEGEHREN
Das ist MEHR NEUGIER

Das ist
UNDER GROUND
ist
Das

UNSER GRUND

Wir sind NEUGIER
Wir sind BEGEGNUNG
Wir sind VERSUCHUNG
Wir sind BERÜHRUNG
Wir sind VERFÜHRUNG
Wir sind BEGEHREN
Wir sind MEHR NEUGIER

Wir
sind
UNDER GROUND
Wir
sind

Wenn
Das ist
was
Wir sind

IST
UNSER GRUND
Neugier
Begegnung
Versuchung
Berührung
Verführung
Begehren
Mehr Neugier

UNDER GROUND
ist
Das
Wir
sind

28. Februar 2015

Still die Nacht

Still die Nacht
beigebracht
Ruhen, wie der Körper verlangt
oder Umtrieb, weil die Seele bangt.

Offene Augen,
Blick in die Ferne
lassen Visionen
wachsen
und Träume bilden.

Bilder wie Wolken
ziehen vorbei,
lassen Geschichten
erdenken
und Gedanken fließen.

Geheime Wünsche
der Sehnsucht
lassen Realitäten
verschwinden
und Hoffnung entstehen.

Dunkle Ahnung,
trübe Erkenntnisse
lassen Düsternis
aufkommen
und Einsamkeit wachsen.

Still die Nacht
beigebracht,
weil die Seele umtriebig bangt,
unmöglich Ruh', wie der Körper verlangt.
01. März 2015

WEG

Im Kreis zu sein,
angekommen zu sein,
ist ein Ziel,
welches zu erreichen,
ich schon lange wünschte.

Beinah' aus den Augen verloren,
wies der Weg erneut in diese Richtung,
inspiriert vom Gefühl der Liebe,
der Hoffnung nicht allein zu bleiben.

Es fügte sich .... DU bist DA .... in meinem Leben, wunderbar.
Und lebst genau dort, wo ich schon lange sein wollt'.
Es vermischte sich, ganz viel passierte mit mir.
Hin! Drängte es mich! Dort leben, wo DU lebst; ja, und eben dort,
wo ich sowieso leben will .... Und bitte schnell!

Ja, ich war verzaubert,
einzig, nur DU nicht.
Das machte mich traurig, ja,
und jetzt hier zu sein,
in Deiner Nähe,
ohne Kontakt
macht Seltsames mit mir,
denn ....
.... DU bist immer DA
in meinem Kopf
und ....
.... DU bist WEG.

in Gedanken an C.-o-o-K. .... 05. März 2015

WEND.e.n.LAND - released

So bin ich endlich - lang ist's her
mal wieder im geliebten Land gestrandet,
auf der Suche meiner Straßen
weil der steten, lebhaft' Reisen
in diesem, meinem jungen Leben.

Wie schon des Öftern und mit Neugier
führt sie mich heran
an des langen Elbestrandes Ufer
mit seinem leisen Flüstern
"Folge mir, folge mir zum Mee-h-r!"

Bedächtig, ruhig im Morgendunst
der Strom liegt vor mir,
kalt und schneidend, der Ostwind
peitscht ohne Gnade
unerwartet mir in mein Gesicht.

Eben noch im warmen, ausgedehnten Lager
erkunde ich das geliebte Land,
ein Stückchen heut' nur,
birgt doch dieser Erdenfleck
soviel Anderes und ein Weiter noch.

Wollte wohl ein Leben leben
- WEND.e.n.LAND -
zu sehen deine ganze Schönheit.

Gestern in des Junkerwerders Forst
fühlt' ich Freude, Wärme und ZuHause.
Heute auf dem Pfad am Ufer
erleb' ich Kummer, Kälte, Fremdenheit.
Doch Vision kommt von dem Land was mich umgibt.

Voran zur Hidesaker Insel,
wo einst Zerstörung, Brand und Hexenmord
und jüngst unsäglich' Flut geschah,
zeigt mir, geh' ich weiter nun,
die Jeetzel ihre weit gespreizten Arme.

Der Fluß, die Elbe nährt,
im Nebel liegt, mir jetzt entgegen kommt
Gedanken gehen fort ins Land,
wo er Lauf durch Lüchow nimmt,
liegt viel vor mir, noch, was mich zu sich lockt.

Müsste wohl ein Leben leben
- WEND.e.n.LAND -
zu sehen deine ganze Vielfalt.

Fühl' ich just den Hauch von Freiheit,
hier zu sein, zu tun wonach mir ist.
So weiß ich wohl,
dass da noch Andere sind,
die auf mich warten, hoffen und vertrau'n.

Nehm' für heute meine Träume mit,
verbunden sind sie doch mit diesem Land.
Und war das Wiedersehen
auch sehr kurz,
so weiß ich, dass ich wieder komm'.

Der Drang, die Sehnsucht
nach dem Voran mich lockt,
ungewiß ist zwar wie, wo und wann.
Ich fühl' die Leidenschaft
in mir, zu heben diesen (m)einen Schatz.

Und wenn ich auch zunächst entbehren muß,
möcht' ich dieser Straße folgen.
Zu gierig nach noch immer neuen Dingen
zu entdecken hier, zu sehen,
riechen, hören, schmecken, fühlen mehr.

Sollte wohl ein Leben leben
- WEND.e.n.LAND -
zu sehen deine ganze Tiefe.

So ist die Zeit nicht lang
bis ich dich endlich wieder seh',
durchfahre das geliebte Land
vom westlich Kreise her
und lande wohl an Stelle großer Weite.

In Jeetzel, kleines Dorf bei Lüchow,
am Totenweg entlang zum Henkers Berg ich geh',
zu sehen Flügel, die dort wachsen,
auf dem Felde, dort wo Rehe springen
und viele Wege sich verzweigen.

Der LichterGlanz in Lüchow dann noch
zeigt mir das Städtchen bunt,
vom Katastrophenbrand durch Schultze's Werk
ist gar nichts mehr zu seh'n,
wieder aufgebaut von Lietzmann, dankt die Stadt.

Der Feuerschale heftig Brennen
heute hier den Kindern dient
zur Freude aller - bekannt beschaulich
die Gemeinde wirkt auf mich.
Trotz' Kälte und dem frischen Abschiedswind.

Der Bus am kommend' neuen Morgen
bringt mich nun wieder
fort von Dir - ein Weilchen nur.
Hier lass' ich Spuren, lege meinen Körper nieder;
eins ist gewiss: ich komm' zurück.

Könnte wohl ein Leben leben
- WEND.e.n.LAND -
zu sehen deine ganze Ansicht.

Nach kurzer Weil bin ich nun wieder
dort, hier an diesem wunderbaren Ort.
Vom Jeetzel-Dorf aus
geh' umher ich, bald im Dunkeln.
Sehen ist zunächst ein Ahnen doch.

Ein Sturm läßt wild am weiten Himmel
wolkenlos die Sterne funkeln;
im fahlen Licht, wie Silberbänder leuchtend,
streichen Wege an der Felder Ränder.
Sie leiten mich, zieh'n mich hindann.

Weihnachtsglanz sowie auch seltsam gelbe Säcke
voll mit Unrat an der Häuser Gärten,
doch verweht, liegen sie wer weiß wie lang.
Diese Beutel stören gar des Festes wilden Frieden,
denn Müll will dann wohl keiner sehen.

In Krummasel andern Tags leuchtet mir
ein Riesen-X grell an der Kirche Mauer
den Weg im Dorf, zu gehen ein paar Schritte.
Ansonsten dunk'ler Ort zu dieser Zeit
des Jahres - in Fenstern leuchten Kerzen.

Dürfte wohl ein Leben leben
- WEND.e.n.LAND -
zu sehen deine ganze Weite.

Im neuen Jahr start' ich drauf los,
der Ort, zu dem's mich hinzieht, ist bekannt.
Im geliebten Land führen mich die Pfade doch
diesmal nicht ganz dahin - in Lüchow's Wendenschänke
find ich Einkehr und die Stadt zeigt mir ihr Herz.

In hellen Stunden offenbart sich Lüchow dann
als Fachwerkperle mir. Am Glockenturm,
die geheime Brettertür grinst mir entgegen,
ragen spitzenmässig Mauern in die Straße
- so mancher Lüchower hat's noch nie gesehen.

Strahlenförmig, wie ein heller Stern
geh' ich die Tage meine Ziele an.
Bei Grabow entdeck' ich des Obergutes Flair;
hier werden Kinder lernen, spielen, lachen
und sicherlich noch vieles mehr.

Neritz birgt einen wunderbaren Raum,
zu leben dort in alten Mauern
wär' ein Traum. Dort zeigt sich Freundschaft
auf lebhafte Weise. Gelohnt schon deshalb
hat sich meine Reise.

Durch Jeetzel um bekannte Ecken auf Besuch,
kann ich die Wehmut nicht so ganz verstecken
- verwehrt sich mir doch hier ein Haus am Ort.
Andern Tags erkund' auf Schuster's Rappen
ich noch deren viele weitere Rundling' schön.

Jene typisch rund angelegten Dörfer
voll von Charme und tiefer Seele.
Bergen, im Kreis gebaut, Atem des Heiteren,
zu treffen sich in Dorfes Mitte dort.
Gemeinsam feiern, lachen, reden, tanzen - Allerlüd.

Bräuchte wohl ein Leben leben
- WEND.e.n.LAND -
zu sehen deine ganze Seele.

Durch Küsten, Salderatzen, Zebelin führt
mich mein Weg auf nach Marlin.
Die Freundlichkeit, die offene Art der Leute,
bringen mir willkommen Stunden
heute, da ein Sturm sehr wütet über's Land.

Und geh' ich abends an der Jeetzel lang,
zeigt sich mir ein Fluß voll Drang zum Weiter.
Die Strömung, streckenweise kaum zu sehen,
rauscht an den Wehr'n in wilder Brandung.
Vom Sturm zerhackte Äste betanzen Wasser's Gischt.

Besonders an der Jeetzelbrücke, dort
wo sein' Anfang nahm der Große Brand,
reizt sehr das Spiel des Wassers,
treibt er mich mit, der Fluß, wohl in Gedanken
hin zur Elbe und des weiteren zum Mee-h-r.

Doch zunächst noch lockt der Schützenpark
zu illustren Gängen, wo der Hunde viele spielen.
Die Stadt so fremd und doch schon heimisch mir;
sollt' finden hier ich Arbeit und auch Bleibe
in der Näh' - nichts hielt mich andernorts, fürwahr!

Hätt' wohl ein Leben zu leben
- WEND.e.n.LAND -
zu sehen deinen ganzen Reichtum.

Die Wochen fliegen wie der Wind
durchs Land, wo ich jetzt öfters bin,
zu finden Haus und Hof.
Mich niederlassen mit den Meinen,
dafür reis' ich her und hin.

Im Holsteinischen bin ich nun nicht mehr oft;
Du, WEND.e.n.LAND wirst Heimat mir.
Dein Grund und Boden, Deine Dörfer, Städte
lassen meine Kindheit mich erinnern,
was mich Näh' zu Dir verlangen lässt.

Ich geh' mit offenen Augen
hier umher, habe viel Kontakt.
An Hilfen fehlt es nicht, gute Freunde kommen noch dazu;
einzig Einer fehlt, er wohnt doch hier,
doch bleibt verborgen, mir.

Es geht ganz schnell,
nach vielem Suchen tut sich unverhofft
die Möglichkeit, zu bleiben auf.
Dort, wo im Sommer Rosen blühen
und Leerstand über Jahre herrschte,
find' ich Heim und Hof.

Zusammen mit Kindern, Hund und Katz'
ich Erste bin, die bezieht die kleinen, alten Räume,
deren Charme mir nicht verborgen bleibt.
Zu bilden Gemeinschaft mit noch Anderen
steht noch aus; oder nochmal weitersehen.

Will jetzt wohl ein Leben leben
- WEND.e.n.LAND -
zu sehen deine ganze Liebe, WEND.e.n.LAND

05 März 2015

Du bist es, Du ....!!

Mir war ....
Mir war ....
Mir war ....

Als hätt' ich ....
Ja, als hätt' ich ....
Als hätt' ich ....

Dieses blaue Flatterband, ja, genau das Blaue gesehen ....
In der Luft flatterte es herum, grad' um meinen Kopf umher ....
Und um die Nase dieser Duft, leicht und bekannter Weise fein ....
Vor meinen Augen grüne Sprosse, will Blume werden, scheint mir ....
Durch meine Ohren eindringt jener tänzelnd' Klang, von weither ....

Mir war ....
Mir war ....
Mir war ....

Als hätt' ich ....
Ja, als hätt' ich ....
Als hätt' ich ....

Dich gespürt ....
Mit Wohlbehagen Dich Begriffen ....
Fürwahr die erste Wärme legt sich ....
Sanft auf meine Haut;
Du bist es ....
Frühling, Du .... !!

Mörike liegt in der Luft
vom Schützenpark in Lüchow (Wendland) .... 07. März 2015

Wiedermal Dein Schatten

Wir zwei so deutlich - uns gegenüber.
Die Berührungen sanft,
als wäre es das Erste Mal.
Doch anders ist es; wie ein Wissen
um des Andern tiefste Wünsche.
Diesmal woll'n wir Zwei lange doch
genießen, einander spüren ohne Grenzen.

Als sei's ein Weitermachen, kurz vor letzten Endes,
ertasten unsere Hände, Finger
warme Regionen der KörperZonen
des Andern, erforschen wir
die Lankarten der Reize des Gegenüber.

Ich liebe es, Deinen Körper zu entdecken,
betastend und dann Vollgenuss,
Dich mit meiner Zunge überall zu kosten.
Ich nehme Deine Regung wahr,
als ich Alles in den Mund,
was mir entgegen kommt, mir ziehe.

Zu gleicher Zeit erregt mich Dein
zärtlich forscher Drang, mich tief zu wecken.
Deine Lippen, Deine Zunge streicheln
meine Zonen der Erregung.
Du packst stärker zu, ich brauche das,
zu erforschen Höhen sowie Höhlen
meines schon erhitzten Körpers.

Deine Finger züngeln weiter,
tief in meiner Venusgruft.
Ich spüre Deine wilde Gier, mit Deiner Zunge
schmeckst Du nach, wo meine süßen Säfte
rauschen. Derweil wir greifen zu,
nehmen uns die Freiheit,
zu genießen, wie wir uns aalen
aneinander und mit unseren Körpern,
im gemeinsamen Rhythmus
eine Einheit der Begierde sind.

Uns steht Verzückung ins Gesicht
geschrieben, unsere Laute vertonen pure Lust.
Mein Körper bebt, ich lass' mich geh'n,
als meine Flut, die Säfte fließen
und Du genüsslich daran schlürfst.
Lecke auf Deinen weißen Strahl
der Samen, sich auf meiner Brust,
in meinem Mund ergießen,
Dein Tonikum, ich trinke mit Genuss.

In unseren Armen, uns umschlingend, spüren wir das Beben nach.
Unser Augenblick verrät die Tiefe unserer Befriedigung.
Verweilen ewig aneinander, die Luft ist heiß, die Körper feucht.

Welch' berauschenden Bilder so klar vor mir - WIR.
Fast greifbar, doch unhaltbar und beim ersten Sonnenstrahl
verschwindet alles fahl.
Ein Traum - es war wiedermal die Phantasie.
Wiedermal Dein Schatten - klar wie nie.

ein Traum mit C.-o-o-K. .... 05. März 2015

Nur ein Lied?

Zwei,
die sich treffen,
trennen
und begegnen.
Eingenommen
von Augen, Blicken, Sehen.

Worte,
die sich treffen,
trennen
und begegnen.
Eingetaucht
in Klänge, Töne, Melodien.

Zwei,
die sich begegnen,
trennen
und begehren.
Eingenommen
von Berührung, Distanzierung, Lust.

Worte,
die sich begegnen,
trennen
und begehren.
Eingetaucht
in Klänge, Töne, Melodien.

Nicht nur so ein Lied;
das Schönste, das ich je gehört.

Zwei,
die sich begegnen,
mit Worten,
die sie nicht trennen.
Eingetaucht
in Augen, Berührung, Blicken,
Distanzierung, Sehen, Lust.

Zwei,
die sich begehren,
mit Worten,
die sie vereinen.
Eingenommen
von Klängen, Tönen, Melodien.

Ein Lied;
das Schönste, das ich je gehört
Nicht nur so ein Lied;
das Lied gehört zu Dir und Mir.
Nicht nur so ein Lied;
das Lied hör' ich zur Zeit nicht an.
Es fällt mir schwer.
Doch das schönste Lied schwebt in Mir,
wenn meine Gedanken sind bei Dir.

„Stirb' nicht vor Mir" .... I'll never forget your voice, C.-o-o-K. .... 14. März 2015

BLUT.ZEIT

BLUT.ZEIT,
immer
wieder
BLUT.ZEIT ....

BLUT.ZEIT,
immer
wieder.

BLUT.ZEIT,
ist kein
Ende
der Menschheit.

TRÄNEN.FLUSS,
der Himmel
weint,
zur
BLUT.ZEIT,
immer
wieder
BLUT.ZEIT ....

Grillen
zirpen Tag und Nacht,
VENUS
jungfräulich erwacht
zur
BLUT.ZEIT,
immer
wieder
BLUT.ZEIT ....

Was hat sie zuletzt gesehen, als .... es war einmal um sie geschehen?
Nebelwirren, Splitterklirren.
Ihre Augen sehnsuchtsvoll, erwählt sein wollen. Offen die Lippen,
bereit zur BlüTE.ZEIT, immer wieder.
BlüTE.ZEIT zur BLUT.ZEIT, immer wieder BLUT.ZEIT ....
Ihre Brüste angeschwollen, ergriffen sein wollen.
Spitz die Nippel, lockende Röte bereit zur BlüTE.ZEIT, immer wieder.

BLüTE.ZEIT
zur
BLUT.ZEIT,
immer
wieder
BLUT.ZEIT ....

Ihre Scham feucht und warm, ertastet sein will.
Prall die Schenkel, heiß die Gruft, betörend im Duft
bereit zur BlüTE.ZEIT, immer wieder.

BLüTE.ZEIT
zur
BLUT.ZEIT,
immer
wieder
BLUT.ZEIT ....

BLUT.ZEIT,
immer
wieder
BLUT.ZEIT ....

19. März 2015

Wenn Du Mir ....

**Wenn
Du
Mir begegnest,
wird es warm
um Mein Herz.**

**Da ist mehr als Ich fassen kann,
was in Mir passiert.
Schön und gleichzeitig spannend,
fast unheimlich, aufregend
und beruhigend zugleich.**

**Wenn
Du
Mir begegnest,
wird es kalt
für Meinen Schmerz.**

Wenn Du Mir begegnest, hüpft Mein Herz.

**In der Einsamkeit der Nacht
umher schleichen die Gedanken.
Seltsam, wie fließend die Zeit verrinnt.
Und Ich liege wach, scheinbar endlos; auf NiC'laus wartend' Kind.**

*"Mach' nun deine Äuglein zu,
schlafe ein und träum' dazu,
NiCoLaus dir deine Stiefel füllt,
nun komm' zur Ruh', in Schlaf gehüllt."*

Jedoch ist schamlos diese Nacht,
welche Ich durchwacht;
hab' Ich doch ein Wiedermal nur an Dich gedacht.
Alles Mühen um Suchen und Finden
nach Zerstreuung, hilft nicht, sondern ist
zugleich ein wahrlich Winden in Gedanken,
Wünschen sowie Sehnsucht, nicht allein zu sein;
sei's Tag, sei's Nacht.

Wenn
Du
Mir begegnest,
wird es warm
um Mein Herz.

Da ist mehr als Ich fassen kann,
was in Mir passiert.
Schön und gleichzeitig spannend,
fast unheimlich, aufregend
und beruhigend zugleich.

Wenn
Du
Mir begegnest,
wird es kalt
für Meinen Schmerz.

Wenn Du Mir begegnest, hüpft Mein Herz.

Mit Gedanken dieser Nacht,bin Ich aufgewacht;
Heiß, Mir war es, noch im Sinn ....
.... Wenn Du Mir ....

es stellt sich plötzlich ein Dilemma dar .... 27. März 2015

Nein, ich will

Schmerzen,
meine Schmerzen,
mit Dir
im Herzen, will ich leiden.
Ja, ich will ....
.... will leiden;
will mich ....,
nein, ich will ....
.... mich nicht entscheiden.

Gedanken,
meine Gedanken,
mit Dir
und Dein Wanken, will ich leiten.
Ja, ich will ....
.... will leiten;
will mich ....,
nein, ich will ....nicht,
.... Du sollst in mich gleiten.

Schmerzen,
meine Schmerzen,
mit Dir
im Herzen, will ich beben.
Ja, ich will ....
.... will beben;
will mich ....,
nein, ich will ....
.... mich nicht ergeben.

Emotionen,
meine Emotionen,
mit Dir
in Explosionen, will ich sterben.
Ja, ich will ....
.... will sterben;
will vor ....,
nein, ich will ....nicht,
.... Du sollst nicht vor mir sterben.

Schmerzen,
meine Schmerzen,
mit Dir am Herzen,
mit Dir zur Seite
will ich leben,
mit Dir im Guten,
mit Dir im Schlechten
will ich sein.

Ja, ich will ....
.... will leben.
Ja, ich will ....
.... will sein;
will mich ....,
nein, ich will ....
.... mich, Dich nicht binden.

Nein, ich will ....
mir Dir Wege finden,
in Freiheit
zu leben, zu werden .... in Liebe zu sein.

in Gedanken an C.-o-o-K. .... 05 April 2015

Fluß.Land

Flügel w e i t e

Am Totenweg
sich neues Leben regt.
Schuld verzagt
sich der Henkersberg erhebt,
mächtig überragt
von der großen Flügel Schlag.

Am Himmel andererseits
flammt bereits
lodernd Engel's Haar,
Funkenfeuer-Rot,
streichend über's Feld.

In der Nähe liegt viel Kraft,
von den Wegen ferne zieht der Schwingen Reiz
hin zu vergangnen, Gold glänzend' Zeiten,
als das Eisen ward durch Schweißers Hand verbunden.

Immer wieder
bahnen heftig' Stürme
frischen Winden
neue, nie gekannte Wege.
Der Flügel W e i t e
streut rote Feuerfunken
übers Land.

Und jede Menschenseele,
ja sogar die Einsamste,
spürt voll warmer Energie
eine Liebe, die verändert alles,
wie noch nie bekannt.

22. März 2015

Erika

Im Wald und auf der ....,
seht dort ....,
.... der Heide schlägt sein Lager auf!
Es blüht ganz frisch die Erika,
bürstet fromm ihr langes, braunes Haar.

Nie ward' der Heide
vormals hier gesehen
mit seinem falschen Glauben,
um Erika war's bald geschehen;
das hörten selbst die Tauben.

Es kamen Leute, viele von weit her,
wollten sehen blühend' Heideland.
Doch Heideland war abgesperrt;
im Staub lag eine Tote.

Es war die schöne Erika,
nackt ward' sie gefunden.
Ihre rosig Knospen noch so zart, darüber langes, braunes Haar;
der Heide war verschwunden.

Hundert fromme Jägersleut' sah man nun
den Wald durchstreifen, hundert und noch mehr.
Doch bald höte man sie fluchen, den Heiden sah man nimmer mehr.

Sie nahmen sich den Dummen
aus dem letzten Dorf im Kreise,
versprachen ihm zu machen eine schöne Reise.
Der Dumme ward' nie mehr gesehen, keiner konnte trauern.
Im Wald und um die Heide stehen nun die Mauern.

06 April 2015

Mit den Wölfen heulen

An der Neige
des Tages
schiebt sich
im Land der Wölfe
zur sternklar werdenden Nacht
rostig-orange
der volle wendische Mond
den Horizont
hinauf
und zerschneidet
die Erde
an der Kante zum Weltall.

Du stehst im Feuer,
ich fechte mit Degen und Dolch
zusammen mit meinem Sohn;
er hat heute Vorrang.
Doch als der Mond brennt,
möchte ich
mit den Wölfen heulen.

Im wendischen Widerstandsnest
trifft sich der Kreis
am Tage des Donners.
Alte und neue Gesichter,
ein Treiben und lebendiges Sein.
Hunger meldet sich,
mir ist kalt;
niX macht mich satt.

Mit Dante am Bus,
führt der Weg nach Hause.
Das Cockpit leuchtet
die vielen Möglichkeiten aus;
jetzt weiterfahren - komm'
wir machen uns auf einen neuen Weg;
die Kinder werden einschlafen
und wir - mit den Wölfen heulen.

Du machst Dich auf den Weg,
anderntags, in Deine andere Welt.
Nimm' mich mit,
so drängt es mich zu sagen
und unser AugenBlick
landet im Herz.
Sekunden dauern seltsame
Ewigkeiten, mir scheint.
Du fährst weg, ich bleib' zurück.
Allein.

Tags darauf, ich höre nur den Motor
und weiß: Du kommst zurück.
Meine Intuition ist klug;
ich schaue trotzdem
und Mist fällt mir von der Gabel.
Verlasse mich jetzt ganz auf mich,
und finde den Weg
aus meinem Kampf mit Krebs, Löwe
sowie Drosselbärten;
so kann ich mit den Wölfen heulen.

in Gedanken an den Waldschrat .... 13. April 2015

ALLEIN .... ALLEIN

Alte Räume leer geräumt,
Dinge aus düst'rer, alter Zeit,
welche riechen, muffeln, stinken gar
nach alter Einsamkeit;
gleich, zwei Wagen voll, entsorgt.

Das Wichtigste nur mitgenommen
für sonnige, neue Zeit;
neue Räume eingeräumt
- doch so einiges riecht, selbst hier,
nach neuer Einsamkeit.

EINER
fehlt in neuer Zeit,
ICH bin ALLEIN;
auch wenn es nicht den Anschein hat,
da neue Freunde wohl Freude bringen viel,
in der neuen Zeit.

EINER
fehlt, ER war, ER ist so nah,
es ist noch gar nicht lange her;
und doch ICH bin
.... ALL-EIN.

Es hilft,
ALL' EIN mit sich zu sein,
zu finden Frieden mit düst'rer Zeit, in MIR;
zu machen Frieden mit MIR
.... sein ALL' EIN.

20. April 2015

Führe mich nicht

Tage verkürzen die Zeit und wollen erfüllt sein mit Taten
ohne Verzagen, bestimmt vom Martyrium, voll Willen zum Leiden.

Führe mich ....,
Herr meiner Träume,
führe mich ....nicht in Verblendung ....
durch Deine Versuchung.
Führe mich ....nicht,
Dein Herz, ...Mein Schmerz, ich ....verliere Dich nicht!

Momente verlängern die Zeit und wollen erfühlt sein mit Sinnen
ohne Versagen, geleitet von Bitterkeit voll Wünschen nach Leben.

Führe mich ....,
Herr meiner Träume
führe mich ....nicht in Verdammnis ....
durch Deine Verführung.
Führe mich ....nicht,
Mein Herz, ...Dein Schmerz, ich ....verzage nicht!

Augenblicke vermitteln diese Zeiten und wollen erfunden sein,
wollen empfunden sein mit Berührung und Bergehren
ohne Verlieren, erwählt von Härte voll Begierde nach Liebe.

Führe mich ....,
Herr meiner Träume,
führe mich ....nicht in Vergebung ....
durch Deine Verfluchung.
Führe mich ....nicht,
Dein Herz, ...Mein Schmerz, ich ....verliere Dich nicht!

Lied für C.-o-o-K. .... 04 April 2015

Es ist ....

Es ist ....
passiert!

Da ist dies' Flattern
in meinem Bauch.
Wohlig warm, erregend einzig.

Jetzt nur nicht den Kopf verlieren!
Das Herz scheint schon vergeben.

War es gestern nur so ein Ahnen.
Heute aber, ist es da, kaum abwendbar.

Mitten im Leben steh' ich!
Der Krisen kommen viele, ab und an.
Jedoch ist Dies ein schönes .... Etwas, jetzt.

Es ist ....
wie eine junge Pflanze,
sie zu achten, pflegen, hüten gilt es - soll sie wachsen.
Es ist ....
wie ein kleiner Baum,
ihn zu schützen, nicht zu treten will es - soll er verwurzeln.
Es ist ....
wie, ja, wie ein grosser Schatz.

Es ist ....
verrückend, belebend, beflügelnd,
verwirrend, beglückend, begehrend.
Es ist ....
verletzlich .... !

Es ist ....
passiert!

Da ist dies' Flattern
in meinem Bauch.
Wohlig warm, erregend einzig.

Jetzt nur nicht den Kopf verlieren!
Das Herz scheint schon vergeben.

War es doch gestern nur so ein Ahnen.
Heute aber, ist es da, nicht abwendbar.

Mitten in die Krise kommt was Neues.
Das Leben zeigt jetzt viel Gefühl.
Jetzt nur nicht Vollgas .... das Etwas ist zu schön!

berührende Begegnung mit dem Waldschrat .... 22. April 2015

das MEER sehen

Gedanken ziehen,
Seele brennt,
es geht ein Sturm
durch
meinen Körper.

Auf den Straßen
wirbelt Staub
auf zu den Bäumen,
bedeckt
die Poren meiner Haut.

Meine Tränen
schmecken salzig
und meine Seele
sehnt
nach kühlem, weitem MEER.

My heart is unbroken,
beats fast when YOU stand close to ME.

In Deinen Augen, tiefen Blickes,
ist mir so .... ich kann das MEER sehen!

My heart is unbroken,
beats fast when YOU stand close to ME.
My soul is unsold,
burns deeply standing close to YOU.

Dunkle Mächte
schleichen unsichtbar sich
an mein Herz heran,
sie zu wehren, mich zu schützen,
beginnt sodann mein Tanz.

Getragen
von den Elementen,
die sich sammeln
hin zu wohler Leichtigkeit
im Sinn.

Gedanken singen,
in mir ist ein Lied,
das mich leitet und beflügelt.
Das MEER sehen,
jetzt, mit heißer Seele!

My heart is unbroken,
beats fast when YOU stand close to ME.

In Deinen Augen, tiefen Blickes,
ist mir so .... ich kann das MEER sehen!

My heart is unbroken,
beats fast when YOU stand close to ME.
My soul is unsold,
burns deeply standing close to YOU.

an den Waldschrat .... 27 April 2015

Was Mich leitet [I]

Individuen kann man bekanntlich daran erkennen,
daß sie einen Knick in der Optik haben.

Sie gewinnen allen öffentlich zugänglichen Dingen
und Ereignissen einen zweiten Sinn ab, der zunächst einmal
nur für sie selbst zugänglich ist.

In dieser höchst persönlichen Optik mag dann
etwa als Langsamkeit eines Mitmenschen erlebt werden,
was dieser der Ungeduld des Erlebenden selbst zurechnen würde.

Besonders konsensfähig
ist diese individualisierte Art
des Erlebens also nicht.

Immerhin kann der Fall eintreten, daß ein anderer,
statt einfach nur mit dem Kopf zu schütteln,
sich in meine Weltsicht hineinversetzt und dann sogar anfängt,
sie durch eigenes Handeln zu bestätigen:

Statt mir Ungeduld vorzuwerfen, handelt er selbst etwas schneller.

Für die anderen ist mein Erleben dann immer noch unmaßgeblich,
aber für den anderen hat es offenbar die Kraft eines starken Motivs.

So wird es mir leichter gemacht, der zu sein, der ich bin.

Diese Bestätigung fremden Erlebens durch eigenes Handeln
bildet die kommunikative Grundlage dessen, was wir Liebe nennen.

(© Niklas Luhmann, 1982)

Was Mich leitet [II]

Ich suche nicht .... Ich finde!

Suchen ....
.... das ist Ausgehen von alten Beständen
und ein Finden-Wollen
von bereits Bekanntem im Neuem.

Finden ....
.... das ist das völlig Neue!

Das Neue auch in der Bewegung.
Alle Wege sind offen und was gefunden wird, ist unbekannt.

Es ist ein Wagnis, ein heiliges Abenteuer!
Die Ungewissheit
solcher Wagnisse können eigentlich nur Jene auf sich nehmen,
die sich
im Ungeborgenen geborgen wissen,
die in die Ungewissheit, in die Führerlosigkeit geführt werden,
die sich im Dunkeln einem unsichtbaren Stern überlassen,
die sich vom Ziele ziehen lassen
und nicht ....
menschlich beschränkt und eingeengt .... das Ziel bestimmen.

Dieses Offensein für jede neue Erkenntnis
im Aussen und Innen:
Das ist das Wesenhafte des modernen Menschen,
der in aller Angst des Loslassens doch die Gnade des Gehaltenseins
im Offenwerden neuer Möglichkeiten erfährt.

(© Pablo Picasso)

Trieb.Dämonen

Nacht
zeigt sich mal wieder ruhelos,
treibe mich in Gängen um.
Netze spannen in den Ecken,
locken zu verweilen.
Treffe Dich, gefangen ebenfalls wie ich,
durch die uns verbindend, unsichtbaren Fäden.

Trieb.Dämonen
schleichen sich am Ufer
der Vernunft entlang,
züngeln, voll Begehren heischend,
reizend Atem über'n Rand hinüber.

Meine Seele
rennt im Blut der Adern
tief bis ins Herz;
wenn die Zeit brennt, fange meinen Schmerz
und bringe ihn zum Henkersberg,
wo die Ufer aufeinander treffen.

Dich für das Begehren,
ich kann es nicht verwehren,
tief in mir rauschen
Meine sowie Deine Triebe .... Dich für die Liebe?

Mich ergreift die pure Lust,
jetzt dort zu sein, wohin Du mich lockst.
Doch es hält mich etwas hier,
.... komm' doch Du .... jetzt .... zu Mir.

Dich für das Begehren,
ich kann es nicht verwehren,
tief in mir rauschen
Meine sowie Deine Triebe ....
.... Dich für die Liebe?

Trieb. Dämonen
kratzen, furchen das Ufer der Vernunft zu Gräben,
lechzen, voll Begierde kreischend,
reizend Töne spuckend über'n Rand hinaus.

Meine Seele
rennt im Blut der Adern
tief bis ins Herz;
wenn die Zeit brennt, fange meinen Schmerz
und bringe ihn zum Totenweg,
wo die Ufer voneinander trennen.

Nacht
zeigt sich weiter ruhelos,
wähle Wege unter leuchtend Sternen.
Keine Netze locken zu verweilen.
Getroffen von Dir, durch rauschendes Gefühl in Deinen Fängen,
lausche ich den uns verbindend wunderbaren Klängen.

Dich für das Begehren,
ich kann es nicht verwehren,
tief in mir rauschen
Meine sowie Deine Triebe .... Dich für die Liebe?

versponnen mit C.-o-o-K. .... 03. Mai 2015

Geilheit des Moments

In der Geilheit des Moments
zeigt sich die Begierde pur.
Mein Atem ringt mit Seinesgleichen,
nimmt mir den Verstand.

Heftig schlagen Emotionen
Wellen aufschäumender Lust.
Übermütig, ausgelassen
sind die Blicke unserer Augen.

Dieser kraftvolle Moment voll des Mutes willig,
üppig schön und somit geil,
lässt die Lüsternheit in uns erscheinen,
wie aus dem Nebel brechend Sonne.

Nimm' mich jetzt
entführe mich aus süßen Flammen,
die wie Nadeln den Verstand bestechen.
Bring' mich zu den Ufern
unserer Lust und lass' mich kommen,
zu Dir, der Du liegst
vor mir, mit an Verlangen überquellend Augen.

Wie lang' halt ich Deinem Blicke stand?
Das Spiel aus Kindertagen, meine Ausrede, Dich still zu betrachten;
drängt in mir, meine Phantasie schlägt Kapriolen,
alles Andere als die Ruhe, doch der Gedanke: hin zu Dir.

Der Worte fallen wenig,
doch unterstützen diese noch die Geilheit des Moments;
'Ich habe eine dreckig' Phantasie', sagst Du mir.
Nur, hat nicht Der, welcher das sagt, eine Solche selber, doch?

Was ist das Dreckige daran, meinen wir das Selbe?
Mit Schmutz hat es doch nichts zu tun!
'An reinen Sex', sagst Du
'denken Männer dann, die Frauen komplizierter.

Ich frag' Dich: 'ist es wirklich so?
Finden wir nicht einfach viel mehr Worte für das "Eine"?

Meine Phantasie in der Geilheit des Moments
ist weder dreckig noch mit Schmutz behaftet;
vielmehr Sinne betörend, verführend, berauschend.
Lust erweckend, pure Erotik versprechend.

Unsere Augen treffen sich
durch diesen einen Blick.
Wir kämpfen beide mit Dämonen
und schmecken hungrig diese Geilheit des Moments.

in Gedanken frei - an Gedanken voll
im Schützenpark in Lüchow (Wendland) .... 11. Mai 2015

In der Nacht sterben die Sterne

In der Nacht leben die Sterne,
das Leuchten
aus der Ferne kommt nah
zu verführen mein Sein.

Am Ende
des Tages die Nacht einkehrt,
wiedermal
blieb es der Sonne verwehrt,
zu bleiben bei mir,
um zu wärmen und Licht zu schenken.
Mit feuchtdickem Nebel
rückt heran
Dunkelheit mit Schwarzer Hand.

Am Fluss
zieht der Nebel hinfort seinen Weg.
Ich bleibe zurück,
der Blick in die Weite am Steg.
Über mir beginnt es
zu leuchten und funkeln gar,
die Sterne zeichnen
Figuren und und Muster,
durchbohren rabenschwarze Nacht.

Je länger ich schaue,
so mehr ein schillernd' Schauspiel
wird mir gewahr.
Juwelen, Brillanten - ein Schatz
stellt sich dar.
Und dann und wann
stürzt ein Stern
ins Nichts mir scheint,
es ist wie ein Tod,
zurück bleibt ein Wunsch mit Hoffnung vereint.

Wo landest Du,
der Du Stern mir bist und warst,
warst und bist?
Im Nichts vereint
mit Dunkelheit,
verborgen mir, bis der nächste Tag
erwacht, Nebelschleier
weichen für den klaren Blick?

In der Nacht sterben die Sterne,
das Leuchten
aus der Ferne verblast
zu ungewissem Sein.

Sterne, vielfach, geh'n mit C.-o-o-K. .... 17. Mai 2015

Schlaf.Los im Wend.Land [I]

**Leiden schafft
Seelen-Not!**

**Not ruf(t)
nach
Was-Wer-Wie-Wo-Wann?**

**Was heilt?
Wer heilt?
Wie?
Wo?
Wann?
Heilung ??**

**Seelen-Heil
bringt
Leidenschaft!**

Leiden schafft Leidenschaft!

19 Mai 2015

Die Sonne stirbt

Die S o n n e s t i r b t .
K e i n Strahl, der sie trifft.
Die S o n n e s t i r b t .
K e i n Funke, der sie nährt
Die S o n n e s t i r b t .
Kein Stern, der ihr begegnet. Die SONNE s t i r b t .
Die S O N N E s t i r b t .   Die S O N N E s t i r b t .
Kein Körper, der sie berührt . Die SONNE s t i r b t .
K e i n Blick, der sie erhellt.
Die S o n n e s t i r b t .
K e i n   Arm, der sie hält.
Die S o n n e s t i r b t .
K e i n   Kuß, der sie wärmt.
Die S o n n e s t i r b t .
Kein Mensch, der sie liebt.
Die S o n n e s t i r b t .

Die S o n n e fällt & stirbt.

K e i n   Weg, der sie führt.

Die S o n n e s t i r b t .

03. Januar 2015

Schlaf.Los im Wend.Land [II]

Der Tag noch jung und dunkel,
an Stimmenvielfalt schallt es wild durch
meine nachmitternächtlich Seele.

Wer so früh wandelt,
wie heut' ich,
erlebt die Welt aus and'rer Sicht.

Umgeben von bekannten Mauern,
locken hohe Tore,
hin zu geheimnisvollen Pfaden.

Frische Spuren führen mich
vorbei an alten Steinen;
Inschriften erwecken in mir just Geschichten.

Der vielen Nachtgetiere Lied,
verborgen, mit erkennbar leuchtend Augen,
erklingt zu der Nocturne dazu.

Ein eigen' Leben stellt sich dar,
mir deucht', hier nicht allein zu sein.
Ich harre still und lauschend.

Bring' die Toten zum Tanzen,
Anmut soll unsere Freiheit sein!

Und doch - mich rufen lebend' Geister,
will finden Jene deren Lied mich lockt;
zu gehen weit're Pfade noch.

Das nächtlich' Schwarze
weicht dem morgendlichen Blau,
BlackBird stimmt ein den Tod der Nacht.

Die Sterne abgelöst durch rote Strahlen,
im Morgentau der Nebel wühlt;
just steh' ich an des lockend' Reiches Grenze.

Der Wächter Pfeile spannen Bogen,
verschlossen bleibt das GitterTor; der Märchenprinz
ist lange tot, der König hart wie rostig Eisen.

Will atmen, leben, lieben,
im Garten gar lustwandeln, doch geh' ich
weiter, hin zu meinem Platz am Fluß.

Dort regt sich neues Leben,
es kriecht und fleucht ganz wunderbar.
Des Ufer's Rand mir bietet Raum zum Weilen.

Bring' die Toten zum Tanzen,
Anmut soll unsere Freiheit sein!

24. Mai 2015

Fass .... !!

Fass' .... !!
Fass' .... !!

Fass' Mich !!

Erreichst Mich nicht.
Ich erreiche Dich.
Entkommst Mir nicht.
Ich entkomme Dir.
Erklimmst Mich nicht.

Ich erklimme Höhen, Die Du nie gesehen !!

Jetzt .... !!
Jetzt .... !!
Fass' .... !!

.... Mich zu fassen, um Dich zu hassen !

Jetzt fass' Mich .... !!
Jetzt fass' Mich .... !!

Jetzt fass' Mich .... an !!

Ich bin bereit,
halte Dich mit Worten warm,
ertönt' Dein Ruf nach Mir
und glaubst Du wohl, Jetzt,
willenlos Ich bin, ergebe Mich sofort Dir,
mach' Ich Mich auf, zu lustwandeln für Dich, Jetzt,
willst Mich seh'n, der Du in einem Meer
aus Leid versinkst, doch Jetzt die Lust hast,
und sowieso gerade Ein' steh'n.

Fass' .... !!
Fass' Mich !!
Jetzt fass' Mich ....!!

Fass' Mich nicht an !!

Die Engel sprühen spuckend Funken,
kein Seemann zeigt sich Mir !
Dein Schiff ist längst versunken,
Wohlan, komm' tanz' mit Mir !

Du kannst Mich nicht fassen
.... Niemand fasst den Wind !!

Fass' .... !!
Fass' .... !!

Fass' Mich !!

Erreichst Mich nicht.
Ich erreiche Dich.
Entkommst Mir nicht.
Ich entkomme Dir.
Erklimmst Mich nicht.

Ich erklimme Höhen, Die Du nie gesehen !

Jetzt .... !!
Jetzt .... !!
Fass' .... !!

.... Mich zu fassen, um Dich zu hassen !

Jetzt fass' Mich .... !!
Jetzt fass' Mich .... !!

Jetzt fass' Mich .... an !!

Bin wohl bereit,
Dir viel Wärme zu geben,
ertönt' Dein Ruf nach Mir
und glaubst Du wohl, Jetzt,
nehm' Ich Mir, was Ich brauch' sofort von Dir,
mach' Ich Mich auf,
zu lustwandeln für Dich, Jetzt,
willst Mich seh'n, der Du in Deinem Meer
aus OhneLeid versinkst, ertrinkst,
doch Jetzt MitLeid suchst, für Deine Lust, die Meine ist
und sowieso soll Ich Jetzt geh'n.

Fass' .... !!
Fass' Mich !!
Jetzt fass' Mich ....!!

Fass' Mich nicht an !!

Die Engel sprühen spuckend Funken,
kein Seemann zeigt sich Mir !
Dein Schiff ist längst versunken,
Wohlan, komm' tanz' mit Mir !

Du kannst Mich nicht fassen .... Niemand fasst den Wind !!

auf Fahrt - in Gedanken mit C.-o-o-K. .... 01. Juni 2015

JE raffole de TOI !!

JE raffole de TOI !!

JE suis désolé, ...
.... JE suis curieuse comme un fou.

JE suis en route !
MAIS ....
JE crois que JE ME suis perdu, pour cette fois-CI ....

.... vernarrt
.... verwirrt
.... verrückt

Et TOI ? Calme-TOI !
Fais attention à TOI !

MAIS !

JE suis encore passé entre les mailles du filet.
Le monde est à MOI.

MAIS ....
.... à tout jamais ??

JE raffole de TOI !!

01. Juni 2015

WEND.e.n.MÄNNER und LEB.e.n.FRAUEN

Es war einmal ....,
so fangen Märchen oft klug an,
zu erzählen von den wunderbaren Dingen,
von denen zu berichten es sich lohnt,
manch' eine/r weiß ein Lied davon zu singen.

So war denn mal,
eine gar forsche, schöne LEB.e.n.FRAU,
auf dem Wege zu entdecken neues, lebenswertes Land,
das sie bereiste, um zu finden ein Zuhause,
welches sie auch fand - im schönen WEND.e.n.LAND!
Begleitet von dem kühnen Ziel,
zu wechseln Haus, Hof, Land und somit Lebens-Raum,
kam gar die Liebe frisch und frech daher,
in Gestalt von einem schönen WEND.e.n.MANN,
welcher ihr schien, doch zu gefallen sehr.
Genau wie er hatt' sie sich bis dann
gar lange Zeit danach gesehnt,
zu finden einen Partner auch, der mit ihr teilt
das Leben, Neugier und die Liebe,
um zu geben, nehmen neuen Mut, der in Vertrauen weilt.
Doch stellte sich schon bald heraus,
der WEND.e.n.MANN war auf verzweifelt' Suche
nach ihm bekannt', gediegen Frauen(Bild),
welches gar nicht passt' zur forschen, schönen LEB.e.n.FRAU,
die sich ihm öffnete und begeistert war wie wild.

WEND.e.n.MÄNNER aus dem WEND.e.n.LAND
haben viel zu geben, dann wenn sie sich wohlig fühlen
in ihrem eigen Recht und ihrer eigen Ordnung;
doch wehe LEB.e.n.FRAU kommt daher mit anderen Ideen,
darin sie keinen Spaß mehr sehen,
WEND.e.n.MÄNNER aus dem WEND.e.n.LAND

Inzwischen war die schöne, wilde LEB.e.n.FRAU
mit ihren wilden Kindern, Hund, Katz', etwas Sack & Pack
gezogen in ihr geliebtes, ihr Heimat seiend WEND.e.n.LAND,
sogar nahe dem begehrten, doch verquerten WEND.e.n.MANN,
welcher sich gebahr recht sonderbar in "seinem" Heimatland.

Denn WEND.e.n.MANN hatt' kein Erfolg
auf seiner Suche nach sei'm verlor'nen alten Liebes-Glück;
er blieb mit forscher, schöner LEB.e.n.FRAU in Kontakt
nicht oft Aug'inAug', doch zu gewisser Stunde sehr oft WortzuWort;
man hätte meinen können, da sei beschlossen wohl ein Pakt.
So wurd' es denn bei unsren beiden Schönen
ein Wechselspiel von Lieb' und Leid',
die forsche, schöne LEB.e.n.FRAU nahm sich das Recht heraus,
zu bekunden ihre Werte und zu leben ihre Ziele;
dabei sie liebte ihn, doch WEND.e.n.MANN sagt' 'es ist aus!'.
Derweil die forsche, schöne LEB.e.n.FRAU
hatte viel Kontakt und Gesellschaft mit netten Leuten,
die sie nun kennen und als Freunde schätzen lernte,
das WEND.e.n.LAND zeigt' sich ihr als Stätte wohlig' Sein,
so dass ihr Flügel wuchsen und sie Lebens-Laune erntete.
Begegnungen mit ihrem WEND.e.n.MANN gab es immer wieder,
er blieb ihr Muse für die Poesie und steter Traummann gar.
Zwar hatten beide zueinander wohl eindeutig Begehr',
doch wechselte er von Freundlichkeit zu Unnahbarkeit gar,
bot alles auf, sich zu verschanzen in seiner Ab-Wehr.

*WEND.e.n.MÄNNER aus dem WEND.e.n.LAND
haben viel zu geben, wenn sie sich wohlig fühlen
in ihrem eigen Recht und ihrer eigen Ordnung;
doch wehe LEB.e.n.FRAU kommt daher mit anderen Ideen,
darin sie keinen Spaß mehr sehen,
WEND.e.n.MÄNNER aus dem WEND.e.n.LAND*

So lebt' und liebt' die forsche, schöne LEB.e.n.FRAU
in ihrem neuen Kreise und erblüht' auf neue, vielfältige Weise;
und WEND.e.n.MANN versucht', ihr zu machen Angst und Bange,
doch konnte er verderben nicht ihr Freud' und Liebe,
das war'n ihre Dinge, welche halten das Leben wohl in Gange.

WEND.e.n.MANN ging seinen Weg - gerade, ehrlich, stur,
er hatt' kein' Platz für LEB.e.n.FRAU, denn seine Ordnung zählte;
Sie liebt' ihn weiter, weil er reizend war für sie fortan,
und ging trotzdem unbeirrt nun ihren Weg im WEND.e.n.LAND,
freut' sich, sie einst treffen durfte, ihren WEND.e.n.MANN.

WEND.e.n.MÄNNER aus dem WEND.e.n.LAND
haben viel zu geben, wenn sie sich wohlig fühlen
in ihrem eigen Recht und ihrer eigen Ordnung;
ob sie, wenn LEB.e.n.FRAU kommt daher mit anderen Ideen,
wohl jemals darin einen Spaß auch sehen,
WEND.e.n.MÄNNER aus dem WEND.e.n.LAND ????

zu Ehren meinem WEND.e.n.MANN - dem C.-o-o-K. .... 03. Juni 2015

Vom SUCHEN und FINDEN

WARTEN
eine Zuständigkeit für Stillstand, Beharren, Siechtum
statt Gehen - selbst im Stehen.

HOFFEN
eine Zuständigkeit für Annahmen, Beibehalten, Aussitzen
statt Vertrauen - selbst bei Veränderungen.

SUCHEN
eine Zuständigkeit für Gewesenes, Bekanntes, GeWöhnliches
statt Finden - selbst im Neuen.

GEHEN
Zustand von Weiterkommen, Lernen, Weiterentwickeln
- im Stehen, bei Veränderungen, im Neuen.

VERTRAUEN
Zustand von Glaube, Selbstwert, Genuß
- im Stehen, bei Veränderungen, im Neuen.

FINDEN
Zustand von Entdecken, Glück, Erkenntnis
- im Stehen, bei Veränderungen, im Neuen.

Gehen, Vertrauen, Finden
im Leben und der Liebe verborgen - ein zu hebender Schatz:
FREIHEIT!!

05. Juni 2015

Wo bist DU ??

**Deine SPUREN
ÜBERALL
sogar die Musiker im Radio SINGEN VON DIR ....**

.... WO BIST DU?

**Und der WIND streicht das Feld,
Es bleibt DEIN DUFT.**

C.-o-o-K. .... 11. Juni 2015

Wider Erwarten im Rosengarten

Zwei geile Frauen
gingen durch den Rosengarten.

Sie trafen dort - wider Erwarten
einen geilen Mann, im Rosengarten.

Die Eine wurde gleich gefickt.
Das Gras wurd' vor Erregung feucht.
Die Andre mußte warten.
Der Mann bekam 'nen Dauerharten.

Gingen zwei geile Frauen
durch den Rosengarten.

20. Juni 2015

Wider Erwarten im Rosengarten (UpDate)

Zwei geile Frauen
gingen erregt durch den Rosengarten.

Lust zu Wandeln war ihr Plaisier.
Die Luft vibrierte ob ihrer wilden Gier.

Sie trafen dort, wider Erwarten,
einen geilen, erregten Mann im Rosengarten.
Er voll Verlangen, von angenehmer Gestalt;
welche Frau jetzt nicht zugreift, ist wohl schon alt.

Die Eine geile Frau wurde gleich gefickt.
Weich das Gras und vor Vibrationen feucht erquickt.
Die Andre geile Frau wollte auch nicht warten.
Heiß war ihr Verlangen, jetzt im Rosengarten.

Warum sollte sie es gar nur der Einen gönnen,
das Freudenspiel, was diese stets im Traum hatte können.
Nun war sie, die Andre, dran im Rosengarten.
Der geile, erregte Mann bekam 'nen Dauerharten.

Die Andre geile Frau, bot ihm Erotik pur,
die Eine geile Frau bald guckte, nur.
Sie musste von verschlungenen Körpern weichen,
und macht's sich selbst, unter den Eichen.

Die Andre geile Frau wurde zum Plaisier
dem geilen Manne; er war verrückt nach ihr.

Gingen zwei geile Frauen
erregt durch den Rosengarten.

gestern - Wir gönnen uns das Leben und den geilen Fick, WP. .... 23. Juni 2015

Dein Lächeln

Dein Lächeln
zwischen Deiner, Meiner Unnahbarkeit,
die unter den Anderen
ein Nebeneinander aus Uns macht,
zeigt Mir Deine Lust,
Unser Leben, Unsere Lust, Unsere Körper
bald wieder im Miteinander-/Ineinander-Verschlungen/-Sein
zu geniessen.

Es ist Unser und kein Geheimnis,
das sagen Mir Deine, Dir Meine Augen
und in Mir steigt Erregung auf,
wie auch Dir schwillt an die Lust,
trifft Uns Unser Blick.

Mit Dir ist der Tag verzaubert, W.P. .... 25. Juni 2015

Fallen

Der Weg, sich mir zeigt,
beglückend,
verzaubernd neu
offenbart Mir
die Freiheit der Liebe.

Die Distanz, Du Dir nimmst,
bebegehrend,
verwirrend offen
verleiht Mir
den Genuß des AugenBlicks.

Die Nähe, Du mir gibst,
berauschend,
verzaubernd neu
entlockt Mir
das Gefühl der Geilheit.

Bei Dir ist gut sein,
kann ich mich fallen lassen
und doch aufsteigen
zu ungeahnten Höhen aus der Asche
der alten Pfade.

I was fallen in love with You
but will rise up
after the end of my trouble in mind.
Will You be fallen into ruin
until You'll be fallen asleep in your drunken world?
The burning angel is deeply hurt
with his wings fallen off;
he will be unable to rise up from ashes.

Die Flügel,
gewachsen auf dem Henkersberg,
schlagen nicht mehr.
Die Engel weinen,
Regen nässt den Totenweg
und irdig' Schlamm
streicht über's Feld.

I once was fallen in love with You
and once will rise up
after the end of my trouble in mind.
Will You once be fallen into ruin
until You'll be fallen asleep in your drunken world?
The burning angel is deeply hurt, now,
with his wings fallen off.
he will be unable to rise up from ashes, now.

Der Weg, sich mir nun zeigt,
beglückend
und verwirrend offen
offenbart Mir
jetzt die Freiheit der Liebe.

Die Distanz, Du Dir jetzt nimmst,
begehrend,
verwirrend offen
verleiht Mir
jetzt den Genuß des AugenBlicks.

Die Nähe, Du mir nun gibst,
berauschend,
verzaubernd neu
entlockt Mir
nun das Gefühl der Geilheit.

Bei Dir ist jetzt gut sein,
kann ich mich ganz fallen lassen
und doch erregt aufsteigen
zu ungeahnten Höhen aus der Asche
der jetzt alten Pfade.

in Gedanken an die ZWEI die MIR WICHTIG sind .... 27. Juni 2015

Kommst Du wieder?

MY enriched life filled by You and our confidential talks.
MY unfettered soul feeled attracted by YOU.

MY burning lips touched by YOUR gentle fingertips,
MY trembling body stroked by YOUR magic hands,
MY sweating thighs desiring by YOUR heavy breathing,
MY lusting eyes inspired by YOUR bewitching expression,

Du bist weg,
eingetaucht in eine Reise mit Dir Selbst,
unerreichbar an einem Ort,
dessen Mauern hoch mir scheinen.

Kommst Du wieder?
Geläutert vom Chaos Deiner und Meiner Gefühle?
Kommst Du wieder als Dieser,
den ich kennen zu lernen begehre?

Deine Distanz macht mich frei
und lässt mich den Zauber der Nähe fühlen.
Du bist weg
und ....

MY burning lips touched by YOUR gentle fingertips,
MY trembling body stroked by YOUR magic hands,
MY sweating thighs desiring by YOUR heavy breathing,
MY lusting eyes inspired by YOUR bewitching expression,

MY unfettered soul feels attracted by YOU.
MY enriched life filled by You and our confidential talks.

Ohne Dich fehlt dem Tag der Zauber, WP. .... 02. Juli 2015

Die Nymphomanin im Zölibat

Die Mauer hoch, umschließt der Gänge Leere.
Die Stille tief, durchdringt des Hofes Rosenfülle.

Aus einem Fenster eines Lichtes Schein bringt
Leben in die Szenerie. Zu dieser Stund', wenn alle schlafen,
wacht wohl die EINE noch, kann finden keine Ruh'.

Sie steht in der Mitte des Lebens,
schön und sich selbst bewußt,
lässt gerne frei der Seele und des Körpers Lüste
sich entfalten und zelebriert mit Hingabe
ihr sinniges Begehren wohl mit geschickter Hand.
Des Mannes, der sie ab und an besucht',
Körper, Glied und Seele weiß sie gekonnt
lange, lustvoll, intensiv zu erspüren und verführen;
zu ungeahnten Höhen beide fliegen.
Kein' Andere, hier in ihrer Lebensstätte,
scheint wie sie das Leben so entspannt zu führen,
als hätt' sie Flügel, die sie tragen.
Weit über Wolken scheint sie zu schweben,
von Sinnlichkeit geleitet gibt sie sich frei
und lässt entdecken ihn die Zonen
ihrer Leidenschaft bis in die Morgenstunden.

Aus einem Fenster eines Lichtes Schein bringt
Leben in die Szenerie. Zu dieser Stund', wenn alle schlafen,
wacht wohl die EINE noch, kann finden keine Ruh'.

Die Mauer hoch, umschließt der Gänge Leere.
Die Stille tief, durchdringt Wolfsgeheul' des Hofes Rosenfülle.

03 Juli 2015

Sende.Schluß

Sende.Schluß !
Klingt sehr mechanisch, maschinell
noch dazu
zwischen Mann und Frau nicht originell.

Sende.Schluß !
Es gibt ihn nicht - den Knopf, den Schalter,
der Gefühle und Gedanken stoppt.
Bei Dir vielleicht - ist wohl Dein geistig Alter.

Sende.Schluß !
Es ist ...., jedoch schreib' diese Zeilen, Dir,
auch wenn Du sie nicht liest,
bist wohl in meinem Kopf, Gedanken wecken Sehnsucht mir.

Sende.Schluß !
Klingt schwarz und kalt und sehr beengt;
spür' trotzdem Buntheit, Wärme, Liebe.
Ich umarme Dich - doch fühl' Dich nicht bedrängt !

Tja, der C.-o-o-K. bleibt, ist er auch noch so fern ! .... 03. Juli 2015

Im Kloster [Kommst Du wieder? II]

**Im Kloster
bist Du,
um für Dich zu sein
mit dem Nichts,
das sich Dir bietet.**

**Kommst Du wieder?
Wie?
Egozentriert,
geläutert von des Lebens,
Unseren lockend Reizen?**

**Du und Deine Welten,
geh'n nicht spurlos an Mir vorbei.
Im Gegenteil, zu unruhig
jetzt mein Geist,
die Gedanken sind bei Dir.
Im Kloster.**

Ohne Dich? - WP. nie mehr ohne Dich? .... 04. Juli 2015

ihn .... oder .... ihm

Der Zettel, ein Geschenk, überreicht
mit Stolz in der Brust durch meinen Sohn.

Ein Schriftstück, gefaltet, einmal;
mit Spannung entblättere ich die Botschaft:

ihn

i h n - es schießt mir durch den Kopf
die Reihe von Gedanken, Gedichten, Geschichten
über I H N .... mit I H M

i h n - es schwingt gleich einer Sehnsucht in meinem Herz
die Welle von Erlebtem, Empfindungen, Erregungen
mit I H M .... durch I H N

i h n - es mulmt mir durch den Bauch
die Flut von Begegnung, Berührung, Begehren
über I H N .... mit I H M

Der Zettel,
ein Geschenk, überreicht
mit Stolz in der Brust
durch meinen Sohn, der bislang ungern schrieb.

Ein Schriftstück, gefaltet, einmal;
mit Spannung entblättere ich die geschwungene Botschaft,
erstes Wort, geschrieben in Schreibschrift:

ihn.... oder .... ihm?

In Gedanken .... C.-o-o-K. .... 09. Juli 2015

DISTANZ - FREIHEIT

DISTANZ
des Anderen
schafft
FREIHEIT ....

.... Freiheit kann manchmal verdammt weh tun ....

.... und
schafft die Sehnsucht
nach NÄHE ....

09. Juli 2015

Der Mensch, ein freies Wesen

Zentral gesehen
ist jeder Mensch allein.
Ob jenseits
jeglicher Zivilisation,
in Bergen, Wüste, Meer
sowie
auch mitten in Gesellschaft
anderer Menschen.

In Beziehung mit Anderen treten
oder zurückgezogen sein
- Entscheidung.

Jeder Mensch, ein freies Wesen,
umso mehr,
erkennt er seine Sterblichkeit.

So der Mensch
sich seiner Angst vor Tod stellt,
so kann er wirklich frei sein.

Auf das Leben bestens vorbereitet,
der Mensch ist durch den Blick auf den Tod.
Dieser kommt - unvermeidlich;
jenem Problem ohne Lösung ins Auge geschaut,
eröffnet uns das Leben.

10. Juli 2015

Fichtenduft

Der Wald mich
tief zur Lichtung zieht.
Vom Fichtenholz strömt
herrlich Duft.
Des Boden Moos mich
sanft auffängt.
Von Ferne klingt
verlockend Ruf.

Frei wie die Vögel tanzen
möcht' ich.
Mit Dir Mich regen
zur Musik.

Der Schwalben warmer Sommer
uns umschwirrt.
Des Bussard' edles Kreisen
uns bewacht.
Der Möwen schicklich Schweben
uns umrauscht.

Frei wie die Vögel tanzen
möcht' ich.
Mit Dir uns regen
gleich im Takt.

Das MitDir
taucht Mich ein ins Meer.
Ein OhneDich
stellt sich nicht quer.

Die Hitze Unserer Haut,
lieg' ich bei Dir,
erweckt Erregung
stark in Mir.
Ein schwelend Flirren,
wie Schmetterlinge liebestoll,
lässt intensiv Uns beben,
DichMich lustvoll.

Das MitUns
taucht erregt ins Meer.
Ein OhneUns
stellt sich nicht quer.

Der Wald
vom Fichtenholz' herrlich Duft erfüllt.
uns tief
zur Lichtung zieht.
Dort, wo des Boden Moos
uns sanft auffängt,
wo aus der Nähe tönt
verlockend' Ruf
nach dem Meer in uns,
zu rauschen ohne Ende.

WP. vom rosanen Hemd befrei Ich Dich .... 19. Juli 2015

Wer geht allein

Wer geht allein
schon in die Fichten
zu sterben
einsam jene kleinen Tode,
deren Nonchalance
Erlösung bringt,
vereint zu zelebrieren
illuster' Leben
weg von dem Diktat
penibler Ordnung.

Ich werde
in die Fichten geh'n.
Der Duft
mir scheint,
ich find' Dich dort.

W.P. - das rosa Hemd - Ich finde Dich .... 20. Juli 2015

Agonie des Suchenden

Der Mensch ist auf gewisser Weise
doch stets auf einer Reise,
wie beseelt von einem Fluche,
weil stetig wohl ist er auf der Suche.

Hält ihn die Suche
nach dem Glück noch bei frohem Mutes,
scheint ihm bereits der Sonne Kraft
zu sein für ihn was Gutes.

Behält ihn wohl die Suche
nach der Liebe auch bei guter Laune,
scheint bereits ein Lächeln ihm als Zeichen,
behält er es als Seins ohne zu weichen.

Strengt ihn die Suche
nach der Einen oder dem Einen doch bald so sehr an,
dass er nur noch hinterher kriechen kann,
wird aus der Suche bald ein wehleidig' Jammern,
das ihn hält einsam wohl in seinen Kammern.

Anstrengt ihn die Suche
nach dem Leben, gar dem Sinn des Ganzen,
rennt er mitunter gegen Lanzen,
welch' ihn zu nehmen drohen jede Freud',
so dass er sein' Zusammenbruch nicht scheut.

Der Mensch auf Reisen erliegt in gewissen Weisen
dem Verfall und bald dem Zerfall
auf der steten Suche, bis ihm schlägt die letzte Stunde,
welch' bringt erbarmungslos die Kunde
zu sein in Agonie - der Suchend' Reise Ironie.

14. Juli 2015

In memorian [III]

**Siehst zu
bei meiner Seelen Pein;
mir scheint,
sie ist zur Freude Dein.
Verschwor'ne Augen
grinsen scharf;
mir schwant,
sie haben viel Bedarf.**

**S i e h s t Du mich,
entbehrst Du Dich?
H ö r s t Du mich, mein Weh',
weißt Du,
dass ich geh'?
R i e c h s t Du mich,
entlabst Du Dich?
S p ü r s t Du mich, mein' Pein,
willst Du so
mein Richter sein?**

**Ich s e h e
Dich nicht
und
h ö r e
Dich nicht.
Ich r i e c h e
Dich noch
und
s p ü r e
Dich doch.**

in memorian ... C.-o-o-K. [III] .... 22. Juli 2015

Weißt Du noch ....?

Wildes Kind,
voll Anmut schön,
der Menschen Rasse
Retter.

Natürlichkeit in Deinem Tun.
Hast Deinen eigenen Wilden Drang.
Bist weder Mutter's noch
des Vater's Eigentum.
Bist immer in Dir eigenes Kind.
Bewahrst Dir Wildheit,
Drang und Feuer - Seelenschatz.

Wildes Kind,
voll Anmut schön,
der Menschen Rasse
Retter.

Im Regenbogen siehst Du Straßen.
Der Sonnen Strahlen in Deinem Lachen.
Hast Freiheit in den Augen.
Hungrig tanzt Du, satt an Freude.
Bist immer in Dir eigenes Kind.
Bewahrst Dir Wildheit,
Drang und Feuer - Seelenschatz.

Wildes Kind,
voll Anmut schön,
der Menschen Rasse
Retter.

Weißt Du noch - die neue Gier in uns?

In memorian .... my shaman .... dead in july 1971 .... 23. Juli 2015

Pfade

.... wenn Du weißt,
Die/Der welche/r Du bist,
spürst den Pfad,
welcher für Dich stimmt ....

.... wenn Du siehst,
wo Hin Du willst,
ahnst den Pfad,
welcher zu Dir passt ....

.... wenn Du fügst
Die Teile in Dir zusammen,
siehst den Pfad
welcher für Dich wichtig/richtig ....

23. Juli 2015

Ist es Das ?

An Dir vorbei,
den selben Weg
zu gehen
ohne Kontakt,
nicht mal
ein Gruß von Dir,
fühlt sich nicht richtig an.

Ist es Das,
was Du willst,
wenn Du sagst - kein Kontakt?

Ist es Das
was ich will,
zolle ich Respekt - dem Deinen Wunsch?

An Dir vorbei,
den selben Weg
zu gehen
ohne Kontakt,
nur ein verhaltener
Gruß von mir,
fühlt sich nicht richtig an,
doch ist es Schutz,
den ich mir geb'
vor Deiner abweisenden Kälte,
dem Stich ins Herz.

Gedanken im Schützenpark, zu Lüchow (Wendland) Gefühle.... C.-o-o-K.!!!!
Gute Reise.... wünsch' ich Dir von Herzen!! .... 26. Juli 2015

Reise.Vorbereitungen

Ich werde auf die Reise geh'n,
werden Wir .... uns wieder seh'n?

Ich packe meinen Koffer ....;
nein .... ich packe meine Kiste.
Ich werde auf die Reise geh'n.

Ich packe meine Kiste.
Darin ich finde Platz,
für das, was mir an Wert geblieben.

Mein Buch,
das .... voll der Poesie
.... noch weit're leere Seiten bietet.
Mein Werkzeug, schreibend mich zu zeigen
in der Dichtung Wahrheit.
Mein Schatz an Bildern meiner Kinder.
Mein liebstes Hemd, ist sicher ohne Taschen.
Mein liebstes Lied, es rührt mich an und
zieht mich nachhaltig in seinen, Deinen Bann.
Mein einer Ring, der schützend mich beschmückt.
Mein Werkzeug, schreibend mich zu zeigen
in der Dichtung Wahrheit,
leg' ich hinaus, vermach' es meinen Kindern
für ihre eig'ne Wahrheit.
Mein Buch, das .... voll der Poesie
.... wohl so genügt, von mir zu zeugen,
leg' ich hinaus.

Ich packe meine Kiste.
Ich werde auf die Reise geh'n.

Ich werde auf die Reise geh'n,
werden Wir .... uns wieder seh'n?

Ich werde .... nein, kein Engel sein,
werden Wir .... uns jemals verein'?

Ich werde auf die Reise geh'n,
werden Wir .... Du wirst mich seh'n ....
im Feuer steh'n.

25. Juli 2015

Die kleinen Tode

Lang zieht sich meine Straße,
weit reicht das Fernlicht,
langsam komm' ich
'runter von dem Höhenflug
berauscht mit Dir,
bereite mich zur Landung,
in der Kurve
ausrollen und steh'n.

Schöne Musik
spielt einfach weiter,
fühle jede Vibration in mir
noch nach,
das Lied im Radio
gehört zu dieser Nacht.
Ich steige aus, scheine zu schweben,
doch spüre jeden Schritt bewußt.

Mit Dir, voll das Leben
spürend, Liebe sein,
wenn uns're Körper sich verein'.

Mit Dir, pur die Lust
entfachend, Berührung lebt,
wenn uns're Haut erbebt.

Mit Dir, ganz die Freiheit
lassend, Zweifel weichen,
wenn wir den Höhenflug erreichen.

Mit Dir, total die Liebe
entfesselnd, Leben leben.
wenn wir Zeit uns geben.

Der Heuduft mischt sich
mit dem Schwall der Körpersäfte,
wir sind voll Glück
einander nah - geniessen
jed' Sekunde dieser Ruhe
nach dem Sturm in uns.
Die Nacht erleuchtet seltsam,
angenehm den Raum um uns.

Wie lange sind wir
hier schon oben, dem Himmel nah
vom Dach geschützt.
Die Stunden zu- und miteinander
war'n wie weiche Wogen
auf dem Meer, vom Sturm gepeitscht.
ein Schweben, Fliegen nackt
mit erhab'nen Flüglen in die Höh'.

Genuß vermischt
mit Geilheit und Erregung.
Die kleinen Tode
lassen uns das Leben spüren.

der Zauber.... Du bist da, WP. .... 28. Juli 2015

Am Ende der Straße

Am Ende der Straße
gibt es nur einen Weg;
den Totenweg.

Wendenfeuer
brennt in mir,
mein Herz
flammt lichterloh,
wenn Du
weit und immer weiter
Dich entfernst;
nur sowieso
warst Du nicht da,
die ganze Zeit
ein Schein
und Hauch von Dir,
den zu halten
vermocht' ich nicht,
Zerfall
von Freude,
es bleibt
die Emotion,
reich
an begierlich Liebe,
die uns beiden inne wohnt,
doch Kälte trennt.

Am Ende der Straße
gibt es nur einen Weg;
den Totenweg.

Ich mag keine Abschiede, C.-o-o-K.!!!! .... 05. August 2015

WEND.e.n.MANN und LEB.e.n.FRAU - speziell

Es war einmal ....,
so fangen Märchen oft klug an,
zu erzählen von den wunderbaren Dingen,
von denen zu berichten es sich lohnt,
manch' eine/r weiß ein Lied davon zu singen.

So war denn mal,
eine gar forsche, schöne LEB.e.n.FRAU,
auf dem Wege zu entdecken neues, lebenswertes Land,
das sie bereiste, um zu finden ein Zuhause,
welches sie auch fand - im schönen WEND.e.n.LAND!
Begleitet von dem kühnen Ziel,
zu wechseln Haus, Hof, Land und somit Lebens-Raum,
kam gar die Liebe frisch und frech daher,
in Gestalt von einem schönen WEND.e.n.MANN,
welcher ihr schien, doch zu gefallen sehr.
Genau wie er hatt' sie sich bis dann
gar lange Zeit danach gesehnt,
zu finden einen Partner auch, der mit ihr teilt
das Leben, Neugier und die Liebe,
um zu geben, nehmen neuen Mut, der in Vertrauen weilt.
Doch stellte sich schon bald heraus,
der WEND.e.n.MANN war auf verzweifelt' Suche
nach ihm bekannt', gediegen Frauen(Bild),
welches gar nicht passt' zur forschen, schönen LEB.e.n.FRAU,
die sich ihm öffnete und begeistert war wie wild.

WEND.e.n.MANN aus dem WEND.e.n.LAND
hat viel zu geben, dann wenn er sich wohlig fühlt
in seinem eigen' Recht und seiner eigen' Ordnung;
doch wehe LEB.e.n.FRAU kommt daher mit anderen Ideen,
darin er keinen Spaß mehr sieht,
WEND.e.n.MANN aus dem WEND.e.n.LAND

Inzwischen war die schöne, wilde LEB.e.n.FRAU
mit ihren wilden Kindern, Hund, Katz', etwas Sack & Pack
gezogen in ihr geliebtes, ihr Heimat seiend WEND.e.n.LAND,
sogar nahe dem begehrten, doch verquerten WEND.e.n.MANN,
welcher sich gebahr recht sonderbar in "seinem" Heimatland.

Denn WEND.e.n.MANN hatt' kein Erfolg
auf seiner Suche nach sei'm verlor'nen alten Liebes-Glück;
er blieb mit forscher, schöner LEB.e.n.FRAU in Kontakt
nicht oft Aug'inAug', doch zu gewisser Stunde sehr oft WortzuWort;
man hätte meinen können, da sei beschlossen wohl ein Pakt.
So wurd' es denn bei unsren beiden Schönen
ein Wechselspiel von Lieb' und Leid',
die forsche, schöne LEB.e.n.FRAU nahm sich das Recht heraus,
zu bekunden ihre Werte und zu leben ihre Ziele;
dabei sie liebte ihn, doch WEND.e.n.MANN sagt' 'es ist aus!'.
Derweil die forsche, schöne LEB.e.n.FRAU
hatte viel Kontakt und Gesellschaft mit netten Leuten,
die sie nun kennen und als Freunde schätzen lernte,
das WEND.e.n.LAND zeigt' sich ihr als Stätte wohlig' Sein,
so dass ihr Flügel wuchsen und sie Lebens-Laune erntete.
Begegnungen mit ihrem WEND.e.n.MANN gab es immer wieder,
er blieb ihr Muse für die Poesie und steter Traummann gar.
Zwar hatten beide zueinander wohl eindeutig Begehr',
doch wechselte er von Freundlichkeit zu Unnahbarkeit gar,
bot alles auf, sich zu verschanzen in seiner Ab-Wehr.

*WEND.e.n.MANN aus dem WEND.e.n.LAND
hat viel zu geben, dann wenn er sich wohlig fühlt
in seinem eigen' Recht und seiner eigen' Ordnung;
doch wehe LEB.e.n.FRAU kommt daher mit anderen Ideen,
darin er keinen Spaß mehr sieht,
WEND.e.n.MANN aus dem WEND.e.n.LAND*

So lebt' und liebt' die forsche, schöne LEB.e.n.FRAU
in ihrem neuen Kreise und erblüht' auf neue, vielfältige Weise;
und WEND.e.n.MANN versucht', ihr zu machen Angst und Bange,
doch konnte er verderben nicht ihr Freud' und Liebe,
das war'n ihre Dinge, welche halten das Leben wohl in Gange.
LEB.e.n.FRAU wollt' trotzdem nicht begreifen,
dass WEND.e.n.MANN so gar nichts an ihr mochte,
er schien einsam, sie letz' Endes auch,
LEB.e.n.FRAU bot ihm gut' Freundschaft an und Hilfe;
WEND.e.n.MANN. wollt' einsam sein in Bildern alten Liebes-Glücks.
WEND.e.n.MANN ging seinen Weg - gerade, ehrlich, stur,
er hatt' kein' Platz für LEB.e.n.FRAU, denn seine Ordnung zählte;
Sie liebt' ihn weiter, weil er reizend war für sie fortan,
und ging trotzdem unbeirrt nun ihren Weg im WEND.e.n.LAND,
freut' sich, sie einst treffen durfte, ihren WEND.e.n.MANN.

WEND.e.n.MANN aus dem WEND.e.n.LAND
hat viel zu geben, dann wenn er sich wohlig fühlt
in seinem eigen' Recht und seiner eigen' Ordnung;
ob er, wenn LEB.e.n.FRAU kommt daher mit anderen Ideen,
wohl jemals darin einen Spaß auch sieht,
WEND.e.n.MANN aus dem WEND.e.n.LAND

Ich glaub' an Dich, mein WEND.e.n.MANN .... C.-o-o-K. .... 06. August 2015

Wir .... sometimes .... Uns

Das Leben .... ein Tag.

Wir
sind
voneinander
zueinander
aneinander
füreinander
.... sometimes .... Uns
miteinander.

Ein Tag .... das Leben.

Das Leben .... ein Pfad.

Wir
haben
ohneinander
auseinander
füreinander
voneinander
.... sometimes .... Uns
miteinander.

Ein Pfad ....das Leben.

Das Leben .... ein Tag .... ein Pfad.

Wir
sind .... sometimes ....
haben Uns.

09. August 2015

Touched

You seem to be so far away.

Nevertheless
You touched my soul
so deeply,
for eternity.

My mind
can't never erase
You.

That's why you're always nearby me.

So ist es .... So geht's Mir mit Dir, C.-o-o-K.!! .... 16. August 2015

Was ist ....?

Was ist ....?
Ja, was ....?
Was ist ....?

Was ist schon VERSTAND,
wenn DU MEINE SEELE
so berührst,
so tief, daß Verstand DICH nicht auszulöschen vermag!

Was ist ....?
Ja, was ....?
Was ist ....?

Was ist schon VERNUNFT,
wenn DU am anderen Ufer
so lockst MEINen TRIEB,
so sehr, daß Vernunft MICH nicht zu leiten vermag!

Was ist ....?
Ja, was ....?
Was ist ....?

Was ist schon DISTANZ,
wenn DU
so in MEINem HERZen bist,
so fest, dass Distanz DICH nicht zu vertreiben vermag!

Es ist ....? Ja, es ....? Es ist ....!
Es ist NÄHE,
wenn DU MEINE GEDANKEN,
so MEINE GEFÜHLE anfüllst,
so nachhaltig, daß Nähe, MEIN Begehr' zu DIR bestimmt!

Was ist ....?
Ja, was ....?
Was ist ....?

Was ist schon DISTANZ,
wenn DU
so in MEINem HERZen bist,
so fest, dass Distanz DICH nicht zu vertreiben vermag!

Was ist ....?
Ja, was ....?
Was ist ....?

Was ist schon VERNUNFT,
wenn DU am anderen Ufer
so lockst MEINen TRIEB,
so sehr, daß Vernunft MICH nicht zu leiten vermag!

Was ist ....?
Ja, was ....?
Was ist ....?

Was ist schon VERSTAND,
wenn DU MEINE SEELE
so berührst,
so tief, daß Verstand DICH nicht auszulöschen vermag!

TOUCHED .... So ist Mir mit Dir, C.-o-o-K.!! .... 17. August 2015

Homeless

Langsam, langsam,
mit Bedacht
schleicht die Wölfin,
leise, leise,
leuchtend' Auges durch die Nacht.

Ihr Sinn steht nach mehr ....
Sie spürt auf, in der Näh' ein wohlig Zuhaus' ....
Die Tür bleibt verriegelt,
die Wölfin weit aussen vor.

Homeless
on her desperate hunt,
newly damned,
the bitch wolf's
loneliness draws her
deeper into
the cave of her awareness.

Langsam, langsam,
mit Bedacht
schleicht die Wölfin,
leise, leise,
leuchtend' Auges durch die Nacht.

Ihr Sinn
steht nach viel mehr ....
Sie spürt auf, aus der Ferne das wohlig Zuhaus' ....
Die Tür bleibt verlockend,
die Wölfin nähert sich dem Tor.

19. August 2015

SOULED

**Bei Nebel und Nacht
Seele erwacht.**

**Hinterlass'
dunkle Straßen,
in Ewigkeiten
zurück.**

Zu Dir .... nur zu Dir .... Pfade mich führ'n.

**Uns wärmt das Feuer,
wenn sich
unsere Seelen und
Körper berühr'n.**

**Uns verführt
Begierde,
tausend Abschiede
zum Trotz.**

**Die Flut nimmt uns mit
in ihren verzückenden Rausch.**

**Bei Nebel am Morgen
- SOULED ....**

.... by You, C.-o-o-K. .... 20 August 2015

Die Reise [I]

In der NACHT die REISE,
mit Fingerspitzen zärtlich über Meinen Körper,
hat Mich zu DIR geführt.

Bei jeder Regung
.... Mein hungriger KÖRPER,
weil jedem Anflug
.... Meine flammende EROTIK,
in jeder Welle
.... Meine rauschenden FLUTEN,
war ICH BEI DIR ....!

DU warst da, in der ganzen Nacht,
auf der Reise; in Meinen Gedanken, Bildern, Sinnen
war ICH BEI DIR ....!

Weit weg von Dir, an fremden Stätten,
berührst Du Mich, ver-führst Du Mich,
zeige Dir den Weg, zu auflodender Begierde.

JETZ BEI DIR SEIN ....!
Im FEUER steh'n, mit DIR im brandend' MEER untergeh'n,
zu nie gekannten Höh'n fliegend aufersteh'n.
Öffne Deine Tür, für Mich.
ICH will BEI DIR SEIN ....!

Die Reise endet in der Nacht,
der Morgen erwacht.
ICH spür' Fingerspitzen noch, nach DIR sehnt sich Mein ALLES.
Die REISE in der Nacht
hat .... MICH ZU DIR .... geführt.

far from C.-o-o-K. but on a soul trip to. .... 24. August 2015

Die Wölfin

Du machst ....,
Du machst ...., machst ...., machst mit Mir ....,
was machst ...., Du ...., machst Mich an.

Du nimmst ....,
Du nimmst ...., nimmst ...., nimmst mit Mir ....,
was nimmst ...., Du ...., nimmst Mich auf.

Du gibst ....,
Du gibst ...., gibst ...., gibst mit Mir ....,
was gibst ...., Du ...., gibst Mich auf.

Ich sollt' wohl in die Fichten geh'n,
um die Höhle des Löwen heil zu übersteh'n.

Wenn des Teufels Geiger spielt mit Mir
dieses sinnlich' Lied vom Leid,
rauscht Mein-Dein Meer in Dir-Mir
und Dein Eisenpanzer bricht in rostig' Teile.

Der Löwe brüllt,
die Wölfin sich in Schweigen hüllt.
Der Krebs verkriecht sich unter'n Stein,
die Wölfin wird alleine sein.

Glühend' Feuer, im Herzen brennt,
die Wölfin heult und rennt.

Sie übersteht den Kampf in Liebe, sinnlicher Begier',
die Wölfin steht im Leben - Hier!

im Leben stehen, trotz C.-o-o-K. und WP. weitergehen! .... 02. September 2015

Wend.e.n.Wind

Im Wend.e.n.Wind
von Jeetzel
lodert auf
das wendisch' Feuer.
Der Funken
Späne
schweißen Eisen
um der Engel
flatternd' Flügel;
zu brechen sie.

Wend.e.n.Wind
- der Du im Schweiße
heißer Ströme
Mir entgegnend wehst.
Wend.e.n.Wind
- der Du im Sturme
klarer Nächte
Mir zugegen wohnst.

Im Wend.e.n.Wind
am Süth'nen Hof
vertreibt
der Löwe, jäh erwacht,
die Engel
aus ihrem Zuhaus'.
Versagt
ihn' Leben, Lieb' und Heim,
sein Brüllen,
neuerdings nicht lockt.

Wend.e.n.Wind
- der Du in Fluten
glühend' Funken
Mir entgegnend braust.
Wend.e.n.Wind
- der Du in Wellen
dunkler Tage
Mir zugegen weilst.

Im Wend.e.n.Wind
von Karmitz
flammt wärmend auf
Mein wendisch Sein.
Der Funken
Leuchten
sprengen Ketten,
um der Engel'
Seele Freiheit;
sie zu beglücken.

Wend.e.n.Wind
- der Du im Rauschen
brodelnd' Meere
Mir begegnend fliesst.
Wend.e.n.Wind
- der Du im Orkan
jeder Sekunde
Mich bewegend wohl tust.

Genießen - den Wind der puren Lust am Sein!!!! .... 09. September 2015

Die Reise [II]

In dieser NACHT die REISE,
Du mit Deinen Fingerspitzen
zärtlich über Meinen Körper,
hat Mich weiter zu DIR geführt.

Bei jeder Unserer Regung
- Mein hungriger KÖRPER,
weil jedem Unserem Anflug
- Meine flammende EROTIK,
in jeder Unserer Welle
- Meine rauschenden FLUTEN,
war'n WIR bei UNS ....!

DU warst ICH, in dieser ganzen Nacht,
auf der Reise, in Unserem SEIN war'n WIR bei UNS ....!

Im FEUER stehend,
mit DIR im brandend' MEER untergehend
zu nie gekannten Höh'n fliegend auferstehend.
Unsere Tür ist offen.
WIR im SEIN ....!

Die Reise geht weiter in dieser Nacht,
der Morgen erwacht.
WIR spür'n Deine, Meine Fingerspitzen noch,
nach Uns sehnt sich ALLES.

Die REISE in dieser Nacht
hat UNS .... ZU UNS geführt.

far, far from C.-o-o-K. into another galaxy .... 18. September 2015

Es ist Herbst

Glaube Mir,
Freund,
der Du Deine GiftPfeile setzt,
Bäume ausreißt,
wenn Du Deine Kraft verteilst
und Mich
in den dunklen Abgrund
stürzt ....

Glaube Mir ....
.... wenn die Engel,
genagelt und gekettet
ans Kreuz,
mit ihren Schwingen
das dunkle Grau
der Wolken verjagen,
und wenn
der blutrote Himmel
am Horizont
die Tore schließt,
ist Mir wohl
und nach Tanz zuMut';
Nein, ich werde
kein Engel sein, doch Flügel haben,
mit den Raben,
zu erklimmen tiefste Höhlen
und zu überwinden höchste Höhen.

Freund,
Glaube Mir .... es ist Herbst.

für WP. .... 23. September 2015

Leise, diese Reise

Leise, diese Reise,
geht auf neue Weise,
weit unten,
dort im tiefen Tal
windet sich
der Schlange Körper,
leise, auf nie geseh'ne Weise.

Schwäne ziehen ihre Bahnen,
Nebel hüllt sie ein, lässt ihre Anmut
grau erahnen.
Und der Krähen Schreien in den Bäumen
lässt den Bach im Tale schäumen.
Fische waren hier schon lang' nicht mehr geseh'n;
hat der Krebs gefressen.
Seine eisenharten Scheren
wetzt er sich wie Gott vergessen.

Leise, diese Reise,
geht auf neue Weise,
weit oben,
dort auf lichten Höh'n
kann jetzt ein Jeder Adler kreisen seh'n;
leise, auf nie gekannte Weise.

24 September 2015

Schritte am Morgen

Der Fluß beschreibt das Land,
Nebel hüllt ihn seicht in Blindheit.
Die Ufer strömen nach der Ferne,
doch führt ihr Weg heran, ganz nah;
Wasserlichter tanzen matt und grau.

Der Nebel holt tief Luft,
in Schwaden rennt er weiter;
der Morgen ihn jäh erweckt.
Der Fluß ihn flüchten sieht,
begehrt das Sonnenlicht.
Die Ufer bleiben nah, ihr Weg
direkt hin strebt zum Wasser,
wo sich Leben. regt.

Selbst das Gleichgemüt
kann hier nicht widerstehen,
die Fluten nehmen es in Bann.
Im Gegenüber spiegelt sich
die Lust zu bleiben.
Klare Kälte weicht wohliger Wärme.
Feucht noch das Gras,
die Schritte wandelnd, find' Ich zu Dir.

für meinen Wolf .... 06. Oktober 2015

Der Wolf

Lang die Nacht,
im Fieber
lacht das Dunkel
aus dem Wald
mit schriller Stimme,
leise, jedoch
ohne Seele.

Kälte zieht sich durch
die Ritzen
jenes alten Waldhauses,
bewohnt
seit Tagen neuen Mondes
und drei Kerzen
geben Licht.

Da nähert sich
aus duftend Fichten
jemand, den vorher hier
noch Keiner sah;
Gar vor dem Haus verzögert
sich sein Gang, er schleicht
voll sinnlichem Gespür.

Er tritt hinein,
drinnen ist Wärme,
wohl von
eines edlen Weibe's Körper.
Ihr beid' Geruch
lässt sie gewahren
Ähnlichkeit in ihrem Blut.

Mit großen Augen,
Ohren, Händen
und seinem breiten Maul,
wirkt er bedrohend,
jedoch nicht für Sie;
lockt doch ihr Duft
den Richtigen herbei.

Sie werden Eins,
im Körper, in der Seele.
Es wiederholt
sich ihr Geheul'
voll Lust, Begierde, Lebensliebe.
Sie werden Eins
mehrmals die Nacht.

Lang die Nacht,
im Fieber voller Sinnlichkeit
lockt der Tanz puren Verlangens.
Im Wald das Dunkel
wacht mit ruhiger Stimme,
im Waldhaus, hört man Töne
voller Seele.

Kälte weicht der Hitze,
diese strömt durch alle Ritzen
jenes Heims,
belebt seit Tagen
vollen Mondes
und drei Kerzen
geben Licht.

die Wölfin und der Wolf.... in Sinnlichkeit vereint .... 27. September 2015

Die Farben dieser Zeit

Die Farben dieser Zeiten
rütteln am Kontrast
zu meinem inneren Grau,
das mich befällt,
seit Du so weit weg bist.

Ein Jahr ging schnell,
von Anfang an war ich berührt.
Wir sprachen viel, auch
ohne uns zu seh'n;
doch als es soweit war,
tratest in mein Herz
mit dem, was Du von Dir erzähltest;
und so wie Du bist;
der Ort war sicher
nicht gut dafür gedacht.
Du warst da und nichts konnte mich
von Dir entfernen
- nicht mal Dein Nein!

Dir zu begegnen war nicht immer
leicht, doch bleibst Du
eng bei mir, in meinem Herzen.
Du schließt die Tür,
bist so weit weg,
ich sehe Farben im Kontrast
zu meinem inneren Grau dieser Zeiten.

für C.-o-o-K. .... 09. Oktober 2015

Wenn das Eisen rostet

Früh und nüchtern diese Fahrt,
im Nebel noch das Land.
Tropfenfeuchte versperrt die Sicht,
Müdigkeit noch in mir.

Mein Blut tränkt die Kanäle.
Dunkel das Rot,
meine Faust wird taub.
Wer nimmt mich in die Hand?

Anderntags bleibt alles liegen.
Ich handle schnell,
um Klarheit nur bemüht.
Direkt und nüchtern, die Worte schrecken auf.

Wenn das Eisen rostet
sich in jenes Rot verfärbt,
doch jene Teile fehlen,
die Lebensenergie mir geben,
wandeln die Gedanken,
von Mangel hin zur Fülle.

Und der Krebs belegt den Platz, umzingelt mich.
Kampf, wie nie gekannt;
die Lust zur Liebe versenkt jed' Trauer
- hin zum Leben!

was wird ....? .... 10. Oktober 2015

Herz.Blut

Weigerung

**Wenn der Weg steinig,
die Füße wund vom Blut geleckt.**

**Wenn das Ufer weich,
die Schenkel feucht vom Wasser befleckt.**

**Wenn der Fluß wild,
der Schoß heiß von Gischt bedeckt.**

**Wenn das Meer ruhig,
die Seele satt vom Rauschen erweckt.**

**Blut und Wasser mischen sich zum Tonikum,
das labsalt den Rausch.
Dies fortan missen? Weigerung!**

die Wölfin und der Wolf .... sich gut tun!! .... 16. Oktober 2015

Ich und Du

**Ich schreib' Gedichte
Du schweißt das Eisen**

**Ich lieb' Dich und
Du liebst mich nicht**

Fertig ist das Mondgesicht

für C.-o-o-K. .... 20. Oktober 2015

Wendung

Leiser Sturm, steh'n die Flügel; Donner jagen bald nächste Blitze.
Enge Kurve, pfeift Wind hinauf den Weg der Toten;
auf dem Berg, dort richten Henker unentwegt im Dreitakt
immer wieder der Engel Lieder.
Laute Stille, ruht der Fluß; Wellen jagen bald die nächsten Wogen.

Die Zeit, rot-gelbe Blätter fallen,
scheint Augenblicke still zu stehen.
Das Jahr, vergangen jetzt,
wirkt wie gerade erst begonnen.
Das Licht, die Neugier lodert weiter,
scheint hin und wieder aufzuflackern.

Die Sehnsucht, die Liebe will sie nähren,
wirkt irreal in diesen Tagen.

Das Dunkel, der Reiz will sich dagegen wehren,
scheint immer tiefer sich zu schwärzen.
Das Jahr, es wird für immer bleiben,
wirkt wie der Anfang allen Endes.
Die Zeit, bald wird sie kommen,
scheint angesichts der Liebe nie zu gehen.

Leiser Sturm, steh'n die Flügel; Donner jagen bald nächste Blitze.
Enge Kurve, pfeift Wind hinauf den Weg der Toten;
auf dem Berg, dort richten Henker unentwegt im Dreitakt
immer wieder der Engel Lieder.
Laute Stille, ruht der Fluß; Wellen jagen bald die nächsten Wogen.

Ich kann nichts als Dich lieben .... Du bist die meine Wendung.

für C.-o-o-K. .... 27. Oktober 2015

Wege durch die Nacht

Getragen von dem Wunsch
Dir nah zu sein,
spielt keine Rolle
welche Zeit die Uhr beschreibt.
Der Sturm in mir
zieht auf mit Drang;
sei Sternenklarheit
oder Wolkendiffusion.

Ich muss zu Dir;
alles And're bleibt im
Steh'n und Liegen,
wenn Dein Schatten sich
vom Nebel löst.

Der wohl zärtlichste Moment,
seit wir uns begegnen,
als sich unsere Hände leicht berühren
und zusammenwachsen,
ohne Druck, doch ganz und gar.
Die Liebe schießt mir
über's Herz
zu meinen Händen in die Deinen.
Wir halten uns, Momente lang,
es tut so gut und Du .... und Ich ....

Wenn Dein Schatten sich
vom Nebel löst,
alles And're dann im
Steh'n und Liegen bleibt,
muss Ich zu Dir.

Der wohl härteste Moment,
seit wir uns begegnen,
als sich Deine Tür nicht wieder öffnet.
Die Nüchternheit mit
Druck so ganz und gar die Luft
zu nehmen droht
und Liebe eingeschlossen bleibt,
mein Herz zu platzen scheint.
Kein Halt in dem Moment;
es tut so weh und Du .... und Ich ....

Getragen von dem Wunsch
Dir nah zu sein,
spielt keine Rolle
welche Zeit die Uhr beschreibt.
Der Sturm in mir
zieht auf mit Drang;
sei Sternenklarheit
oder Wolkendiffusion.

Wege durch die Nacht.

für C.-o-o-K. .... 09. November 2015

Wechsel.Wirkung

Was hält uns fest, nicht das zu tun,
was in uns schwebt und strebt?

Triebe - Hiebe - Liebe ....
Rein ....
Raus ....
.... Nein !!
Wir wollen anders sein.

Was lässt uns frei, genau das zu tun,
was in uns glüht, um was wir so bemüht?

Triebe - Hiebe - Liebe ....!

Was bewegt uns nur,
Gummi in Scheide & Arsch zu stecken
& dabei zu tun,
als wenn wir Liebe schmecken?

Dich mit Haut und Haar verschlingen
will mir nicht so recht gelingen.
Du bist so fern und doch so interessiert;
es ist spannend, was passiert.

Doch lieber spür' ich Dich in mir
statt dieses Riesengummi/Tier.
Dich ganz nah zu mir darnieder legen,
mich mit Dir im Takt der Leidenschaft bewegen,

Der Raum um uns wird vom Dunst erblassen,
wird unsere Lust uns ganz erfassen.
Dich und mich lass' mehrmals kommen,
zu dem Punkt, als hätt's uns den Verstand genommen.

Triebe - Hiebe - Liebe ....!

Was lässt uns frei, genau das zu tun,
was in uns glüht, um was wir so bemüht?

Triebe - Hiebe - Liebe ....
Rein ....
Raus ....
.... Nein !!
Wir wollen anders sein.

Was hält uns fest, nicht das zu tun,
was in uns schwebt und strebt?

TRIEBE ....?
HIEBE ....?
.... LIEBE ....?

Die WECHSEL ....

Triebe - Hiebe - Liebe ....
Hiebe - Liebe - Triebe ....
Liebe - Triebe - Hiebe ....

.... zeigen WIRKUNG ....!

an C.-o-o-K. .... 11. November 2015

Feuer.Wasser

Du!
Willst Du, lieber Lieber, im Feuer.Wasser untergeh'n?
Möchtest Du nicht lieber zu Dir selber steh'n?
Nein?

Nein!
Das will ich nicht!

Mit jedem Mal wirst'n nächster Anderer!
Ich spüre Dich,
doch Du entfernst Dich von Dir selbst, 'trunken Wandelnder.

Komm' wieder!
Lass' es steh'n!
Komm' zu Dir!
Lass' mich rein!

Selbst Du merkst, dass Du bist entfernt von Dir,
spüre ich Dich.
Viel weit're Andere brauch' ich nicht, glaube mir!

Das will ich nicht!!
Nein!!

Ich?
Will Dich nicht im Feuer.Wasser seh'n!
Möchte lieber mit Dir zusammen in Liebe untergeh'n!
Ja!

an einen C.-o-o-K. (so er will, möchte, braucht) .... 11. November 2015

Kammer.Flimmern

Bist Du satt & zufrieden? Oder wie hast Du Dich entschieden?

Du schlummerst hier in Meinem tiefsten Herzen,
wohlig geschmiegt in einer Kammer ohne Schmerzen.

Immer wieder, dann & wann, Du meldest Dich so,
dass ich nicht mehr schlafen kann.
Geteilt vom Pfeil, der mich einst traf mitten hinein
öffnet sich's - das Herz, mein;

Du kommst heraus zur mir bewußt mit Deiner Gestalt,
gut gelaunt und bringst Geschichten fern jed' Rückhalt.

Jedoch - geh ich später weiter auf Dich ein,
Du überfällst mich voller Pein.
Nimmst ohne Umsicht Deinen Eisenhammer,
schlägst auf Deine schützend Kammer.

Bist Du satt & zufrieden? Oder wie hast Du Dich entschieden?

Beim ersten AugenBlick wußte ich ....
.... Kammer.Flimmern schönster Weise; 's begann die schönste Reise.

Nun bist Du hier in meinem Herzen,
tief wohlig ist es, blutig warm;
Du gehst wohin Du willst, frei und ohne jedlich Zwang
.... kommst Du wieder ....
.... Ich finde Ruh' in Deinem Arm.

In unseren tiefsten AugenBlicken wissen wir ....
.... Kammer.Flimmern schönster Weise; weiter auf schönster Reise.

für C.-o-o-K. .... 22. November 2015

Das Heulen der Wölfe

Lichtjahre entfernt von Mir
scheinst Du zu sein in Deinem Dorf, welches so nah;
wäre eine Katze Ich,
jetzt Ich würde ansetzen zum Sprung, zu sein bei Dir.

Sternenweit der Horizont um und über Mir,
bildet eine Mauer und hält Mich hier bei meiner Höhle;
Ich stimme ein mit
in das Heulen der Wölfe, mein Ruf zu Dir.

Das Heulen der Wölfe.
Die Nacht zeigt langsam ihre Schatten.
Das Heulen der Wölfe.
Das Unverhohlene im ersten Akt war der Kontakt.

Das Heulen der Wölfe.
Aus meinem Herz rinnt warmes WolfsBlut.
Heiß tropft es auf Dein Herz aus Eisen.
Das Heulen der Wölfe.

Der Atem geht noch lang' nicht aus
in uns'rem tragisch', komisch' Drama.
Das Heulen der Wölfe.
Der Morgen bricht schnell auf, den Nebel.
Das Heulen der Wölfe.

Mein Ruf zu Dir mit einstimmt
in das Heulen der Wölfe.
Meine Höhle hält mich länger nicht, die Mauer schwindet;
der Horizont, voll Sterne weit, um und über Mir.

Ich setze an, zu sein bei Dir, zum Sprung,
auch wenn Ich keine Katze bin.
Du bist in Deinem Dorf so nah, doch
bleibst Lichtjahre entfernt von Mir.

Ich bleibe ....
das Heulen der Wölfe.
Du bleibst ....
das Heulen der Wölfe.

Wir sind ....
das Heulen der Wölfe.

muß C.-o-o-K. mit leben .... 15. November 2015

Weil sich's reimt

Ich höre kein Rammstein mehr,
denn ich denk' an Dich dabei zu sehr.

Stattdessen trink' ich Bier und rauche,
da ich Abwechslung jetzt brauche.

Ich guck' im TV täglich einen alten Tatort,
denn sonst geht die Zeit nicht fort.

die Sinne und C.-o-o-K. .... 24. November 2015

Weil sich's auch reimt

Als wir zueinander fanden,
war's wie das Knüpfen zarter Banden.

Deine Sterne blitzten in den Augen,
vermochten das Strahlen Meiner aufzusaugen.

Als Du wieder kamst zu Mir,
war's geseh'n mit uns; Ich mit Dir und Du mit Mir.

die Sinne und der Wolf .... 24. November 2015

Weil sich's doch nicht reimt

Ich höre trotzdem Rammstein, um so mehr,
wenn ich denk' an Dich - und das immer sehr.

Als wenn wir zueinander finden,
wie Knüpfen zarter Banden - verrückt, als wird es niemals enden.

Du trinkst Dein Bier und stehst im Rauch,
ein Brennen - mit Bier und Qualm, ich auch.

Ein Blitzen in den Augen, gar wie Sterne,
saugt auf ein Strahlen - selbst aus der Ferne.

Im TV täglich läuft ein alter Tatort,
Wo bist Du? Uns're Zeit geht nimmer fort.

Dein Wiederkommen, Du zu Mir und Ich zu Dir,
was geschieht mit uns? - Ich mit Dir und Du mit Mir.

im Sinn der C.-o-o-K. und der Wolf .... 24. November 2015

Gedanken aus dem uni.VER.sum

LUST
.... dieses unbändige Gefühl
von Neugier und Nähe,
von Seele und Sehnsucht,
von NieWiederEndenWollen ....
LUST wohin das Auge schaut birgt VER.LUST

BLENDUNG
.... dieses naive Empfinden
von Nichtvorhandenem,
von Seele und Sehnsucht Erweckendem,
von Nichts ....
BLENDUNG wohin das Auge schaut birgt VER.BLENDUNG

DAMMNIS
.... dieses bedrückende Gefühl
von Nichterlaubtem,
von Seele und Sehnsucht Verbannendem,
von NieWieder ....
DAMMNIS wohin das Auge schaut birgt VER.DAMMNIS

GEBUNG
.... dieses wohlwollende Empfinden
von Nähe,
von Seele,
von NieWiederEinsamSein ....
GEBUNG wohin das Auge schaut birgt VER.GEBUNG

SCHWÖRUNG
.... dieses endliche Gefühl
von Neugier und Nähe,
von Seele und Sehnsucht,
von NieWiederEndenWollen ....
SCHWÖRUNG wohin das Auge schaut birgt VER.SCHWÖRUNG

NEIGUNG
.... dieses unendliche Empfinden
von Nähe,
von Seele und Sehnsucht,
von NieMalsErreichenKönnen ....
NEIGUNG wohin das Auge schaut birgt VER.NEIGUNG

LEUGNUNG
.... dieses sprengende Gefühl
von NichtNähe,
von Seele ohne Sehnsucht,
von NieNichtsHaben ....
LEUGNUNG wohin das Auge schaut birgt VER.LEUGNUNG

ZWEIFLUNG
.... dieses unsichere Empfinden
von Neugier und Nähe,
von Seele und Sehnsucht,
von Nichts ....
ZWEIFLUNG wohin das Auge schaut birgt VER.ZWEIFLUNG

STÖRUNG
.... dieses irritierende Empfinden
von Nichts,
von Niemals,
von NieWieder ....
STÖRUNG wohin das Auge schaut birgt VER.STÖRUNG

LUST
in der STÖRUNG
der LUST
liegt die ZWEIFLUNG
und LEUGNUNG
von NEIGUNG
jenseits der SCHWÖRUNG
und GEBUNG
von LUST hin zu DAMMNIS
und BLENDUNG
voll der LUST
zu VER.BLENDUNG
und VER.DAMMNIS
voller VER.GEBUNG
zu VER.SCHWÖRUNG
trotz VER.NEIGUNG
mit VER.LEUGNUNG
und VER.ZWEIFLUNG
zu totaler VER.STÖRUNG

LUST
wohin das Auge schaut .... voll VER.LUST ??

die Zeit MIT und OHNE .... C.-o-o-K. .... 28. November 2015

Realität

Realität,
jene Wirklichkeit
der Dinge,
welche auf Dich - Mich - Uns wirken,
so dass
Du - Ich - Wir
Dinge
für wahr nehmen,
welche in Deine - Meine - Unsere
eigene Welt
hinein passen?

Jede Wahrnehmung
eine eigene Wirklichkeit.
Jene Realität
eigenen Bewußtseins.

Gibt es eine reale Realität?

auf C.-o-o-K.'s Spuren .... 16. Dezember 2015

Fest.Schlacht

Ich habe viel von Dir geseh'n,
verborgen war der Schein.
Du wirst mit Meiner Liebe geh'n,
geflohen unter Deinen Stein.

Das Fest vorüber, LichterGlanz verblasst.
Die Schlacht vorbei, Rost zieht über's Land.

Es ist so viel mit Mir gescheh'n,
verändert ist das Sein.
Du bringst nie Meine Liebe je zum Steh'n,
verankert ist Dein Sein.

Das Fest erblüht, LichterGlanz sich neu entfacht.
Die Schlacht verweilt, rostig nun bleibt das Land.

für den Krebs – C.-o-o-K. .... 10. Dezember 2015

Untergraben

Untergraben
bedeckt von Moos,
Würmer winden
sich im blanken Schoß.
Lange schon weilt
hier das Verderben,
überdeckt,
von Moos und Scherben.

Siehst Du
dort in Blüte steh'n,
licht im Glanze,
purer Reiz voll Anmut,
diese Frau ....
Siehst Du
hier den Saft verweh'n,
dunkle Fahlheit
reine Tollheit ohne Mut,
dieser Mann ....

Untergraben
bedeckt von Moos,
Gänge winden
sich quer durch den Schoß.
Seit kurzem eilt,
hier das Verderben,
überdeckt
das Moos, die Scherben.

11. Dezember 2015

WEND.e.PUNKT

Im Vorbeigeh'n und einander nicht seh'n
brodelt es, mein Inneres;
und mein Herz.Blut raubt mir den Verstand.

Gehe weiter meinen Weg, nicht g'rad heiter
unbekümmert zwar, jedoch auch sonderbar;
und mein Blut.Herz pocht wie nie gekannt.

Auf dem Feld, drehe um, heute nur 'ne kleine Runde;
nur nicht öffnen meine Wunde.
Feige bis zum Gehtnichtmehr, fühle Wehmut, schwer.

W E N D . e . P U N K T

Feldwärts, umdreh'n, kleine Runde heute nur;
ungeöffnet diese meine Wunde.
Zum Gehtnichtmehr, gar feige; Wehmut, fühle schwer.

Weitergeh'n, meinen Weg, selbst wenig heiter
unbekümmert auch, sonderbar berührt jedoch;
Blut.Herz mein, wie nie Gekanntes, pochst.

Vorbeigeh'n, nicht einander seh'n
brodelnd dann, mein Innerstes;
Herz.Blut mein, geraubt mir der Verstand.

12.12.15 im Schützenpark zu Lüchow (Wendland) .... C.-o-o-K. .... 13. Dezember 2015

Fragst Du mich ....

Ich zähle bis Sieben;
auf dem Teppich, doch nicht steh'n geblieben!

In Gedanken verloren
werke ich;
Kein Schaf bleibt ungeschoren.

Fragst Du mich,
was jetzt noch zählt,
so weiß ich nur Das,
was ich erwählt.

In Gedanken versunken
agiert mein Sein,
oft wirkt mein Blut wie 'trunken.

Fragst Du mich,
was ich denn wohl erwählt,
steht mir's im Gesicht,
Du weißt genau, was für mich zählt.

Mit der Neun, der Acht, der Sieben eng verwoben;
jetzt nur nicht abgehoben!

für den Krebs unterm Stein – C.-o-o-K. 15. Dezember 2015

Fragst Du mich .... weiter

Ausgezählt - fast - bei der Neun;
bleibt noch zu sagen, eh' ich es versäum'

Fragst Du mich .... weiter,
was jetzt zählt,
was Mir wichtig ist und
was ich erwählt ....

Weißt Du, dass Du mich nicht liebst,
hebt die Welt, mein Sein
wed' aus den Angeln, noch aus der Bahn.

Weißt Du, dass ich Dich
nicht als guten Freund gewinnen kann ....
zu dem ich einfach kommen,
Kaffee trinken, reden kann ....
bei dem ich Selbst sein,
zuhören, ausruhen, mit dem ich lachen kann ....
hebt die Welt, mein Sein
doch schon aus Angeln, mich mitunter aus der Bahn.

Fragst Du mich .... weiter,
was ich denn wohl erwählt,
schau' mir ins Gesicht,
Du siehst genau, was für mich zählt.

Gesagt, eh' ich es versäum';
ausgezählt - fast - bei Deiner Neun

für den Krebs hinterm Stein – C.-o-o-K. .... 16. Dezember 2015

VERLIEREN

Wenn beim Aufwachen
MEIN - von MEINEr SEELE GEVÖGELTes - HIRN
nur an DICH denkt,
weiß ICH,
dass DU wieder DA WARST;
in MEINem TRAUM.

Und ICH AHNE, was I C H V E R L O R E N habe.

für den EINen, MEINen WEND.e.n.MANN .... den C.-o-o-K. .... 20. Dezember 2015

Grauer Tag in Grauer Zeit

Rauh die Nacht,
Es sind deren Zwölfe.
Grau die Luft,
Im Nebel hungern Wölfe.

In dieser Zeit
Ich werd' gewahr,
In Grauer Zeit
Ich lebe in Gefahr.

Rauch der Feuer
Schütz' die Menschen
Vor der Wesen UNart.
Hauch des Nebels
Schütz' die Tiere
Vor der Menschen Missetat.

Grauer Tag in Grauer Zeit ....

Die Wölfin passt auf - auf sich und den Wolf .... 22. Dezember 2015

Elegie der Wölfin

**Dämonen der Nacht,
tanzen wie Gespenster,
trotzdem das Feuer entfacht,
toben um die Fenster
der Zimmer, in denen die Liebe erwacht.**

**Schemenwesen der Hitze
betören den Zauber,
besingen den Akt,
begraben die Trauer
so tief, in jede feuchte Ritze.**

**Dämonen der Nacht,
tanzen um Mein Fenster,
trotzdem ist Mein Feuer entfacht,
toben wie Gespenster
drinnen im Zimmer; Meine Liebe erwacht.**

An der Elegie der Wölfin reibt sich Genuss.

Der Wölfin Weh und Mut mit dem Wolf .... 24. Dezember 2015

FEHLER geh' zum TEUFEL

**Kann doch KEIN FEHLER sein,
wenn die NACHT
FÜR UNS BEIDE SCHÖN ist, ... ZUSAMMEN.**

für C.-o-o-K. .... 03. Januar 2016

Im Nebel .... Süßer Duft

Schmal der Steg und morsch die Planken,
selbst die Sicherste kommt hier ins Wanken.

Süßer Duft verweht im Nebel,
der zerstört das Band; es wird zum Knebel.

Schläge peitschen,
Du schlägst ....,
schlägst Mich.
Du schlägst ....,
schlägst Dich
frei mit Deinem Eisenhammer;
raus aus meiner Herzen Kammer.

Schläge peitschen,
Du schlägst ....,
schlägst Mich.
Du schlägst ....,
schlägst Dich
quer und Deine Spur
zieht nach mein blutend Herz,
gezeichnet von verworren' Schmerz.

Töte Mich, willst Du's beenden;
anders meine Liebe ist nicht abzuwenden.

Im Nebel Mich Süßer Duft umweht,
der Knebel wird zerstört,er bleibt ein Band.

Auf morschen Planken führt der Steg,
mit Sicherheit komm' Ich hier nicht ins Wanken.

Asche und Staub verweh'n .... Deine Spuren nicht, C.-o-o-K. ....09. Januar 2016
zu „Asche zu Asche" © RAMMSTEIN

Vom Hauen und Stechen

Allemal die letzten Male,
WIR UNS trafen,
MIR war fröhlich, warm, ja glücklich gar.

Begegnung in UNSEREN Geschichten
- ob vergangen oder neu,
brachte Nähe, die so gut tut;
Begegnung pur in Lachen, Hadern und Berührung, Mut
- die Zeit blieb für UNS steh'n,
mit Zärtlichkeit jed' Zweifel schien zu geh'n.
Begegnung in UNSEREM Begehren
- den Moment geniessen,
ohne Reu' und ohne Scheu.
Begegnung pur in den Wellen UNSERER Körper
- ohne Aber oder Wenn,
brachte Nähe, die so gut tut.

Allemal die letzten Male,
WIR UNS trafen,
DIR war fröhlich, warm, ja glücklich gar?

Das Sein, der Schein.
Zuerst das Stechen.
Danach das Hauen.
Zuletzt stellt Nüchternheit sich ein.

Jedesmal .... C.-o-o-K. .... 21. Januar 2016

die UN.gestellte.FRAGE

In der Nacht
nachdem sie ausgesprochen war
und uns traf,
sogar verwundete,
war eben dieses
mir so nicht bewußt,
doch ahnte ich,
sie war da,
an dem gewählten Ort,
zu jener Zeit,
wir uns begegneten zum ersten Mal,
kein' trefflich Art,
jene Nähe zu bewahren,
welche wir erreicht.

Sie blieb,
nachdem sie ausgesprochen war,
die ganze lange Zeit,
wir uns weiterhin begegneten,
zwischen uns gestellt,
was ich so nicht begreifen konnte
und was bis heute uns verfolgt.

Ob alles anders,
wenn statt ihr vor Ort gewesen wär'
die UN.gestellte.FRAGE ??

diese UN.gestellte.FRAGE .... C.-o-o-K. .... 30. Januar 2016

Traces .... no Traces

Your Traces
On My Track To Love,
Touched By
Darkness In The Wood.

Do The Flowers Sleep Tonight ?
Where's The Light After Sunset ?

No more Traces
Found In The Fog
Of Lonelyness.

01. Februar 2016

Mit DAN.TE auf der Route 69 ....

Unsere Straßen, welche WIR uns wählen,
voll AugenBlicken und miteinander EINS SEIN,
führen UNS zusammen, zu BEGEGNEN,
uns im FreiFlug hin zu den Sternen. Funkeln steht uns
ins Gesicht geschrieben, dieses Leuchten, Strahlen
voll der ehrlich, wahren LIEBE, welche LOS lässt und uns FREI,
den Anderen zu respektieren in seinem EIGEN, seiner ART.

In den Höhepunkten unserer Flüge hält uns nichts zurück,
spüren warm WIR sind ZUSAMMEN, lassen alle Fluten rauschen,
die uns nähren, in LIEBE FREI zu sein!

Mit DAN.TE auf der ROUTE 69 ....

WÖLFIN und WOLF sind EINS und EINZIG .... 03. Februar 2016

Gestern durch die Nacht

Beim Fahren gestern durch Nacht und Nebel
- voll Arbeit war der Tag erfüllt
und auch der frühe Abend rastlos - zieht es Mich zu Dir hin.

Wie letzte Nacht bis hin zum frühen Morgen
will Ich bei Dir sein, Dich in meine Arme nehmen
und Dir Wärme geben,
in diesen Tagen kalter Schmerzen,
welche Dich erfüllen und auch Mich;
es ist Dein bester Freund gegangen und bleibt doch gegenwärtig.

Dein Haus verdunkelt, bis auf ein Zimmer
- Licht und blaues Flackern des TVs -
Mein Klopfen an Dein Fenster, hinter dem wir gestern
zusammen rege waren, hörst Du nicht
Deine Klingel scheint wohl nicht zu gehen;
Ich kann niX tun, Du öffnest nicht
oder willst Du heut' vielleicht alleine sein?

Nun, da mein Telephon nicht geht, Ich spontan bei Dir erscheine
und Ich niX ander's machen kann, gebührt Dir Mein Respekt;
Ich fahre und Ich denk' an Dich und an Deinen Freund,
muss weinen, was mir hilft, den Tag heut' zu beschließen.

Durch Nacht und Nebel fahre Ich zu Mir zurück,
- allein sein tut mir heut' nicht gut.
In Gedanken zieht's Mich doch zu Dir,
ob Du jetzt wohl schon schläfst?
Die Nacht bleibt rastlos - Ich im Schlafe wach.

Dich in den Arm nehmen, meine Wärme geben .... C.-o-o-K. .... 01. Februar 2016

Bis zum Ende der Nacht ....

In der Dunkelheit der Nacht ....
fahr' ich hin zu Dir, zum NebeL.
Dein Duft der Trauer mir die Alleen zu Dir weist.

In der Dunkelheit der Nacht ....
fühl' ich Dich, will Dir geben viel vom Licht.
Dein Duft weht leis', der Schein der Sonne ist verflammt.

In der Dunkelheit der Nacht ....
führt mich Dein Wort weg vom LebeN.
Dein Echo hallt, beraubt mich meiner Seele.

Und auf der Brücke dann, unter mir der Kanal der Lucie,
halt ich an, weil ich nicht mehr weiter kann.
Es ist still, nur das Rinnen meiner Tränen ist zu hören.

In der Dunkelheit der Nacht .... rufe ich Dich.
In der Dunkelheit der Nacht .... hörst Du mich, ich höre Dich.

Verstummt das Echo, unsere Stimmen reiben aneinander.
Warum jetzt nicht fühlen dürfen,
Deinen weichen Kuß mit Haut und Haar?
Unsere Stimmen nehmen Abschied, verblieben ist das Echo.

In der Dunkelheit der Nacht .... treffe ich den Wolf.
In der Dunkelheit der Nacht ....
höre, sehe, fühle, rieche, schmecke ich nur Dich.

In der Dunkelheit der Nacht ....
geh' ich dennoch mit dem Wolf, doch Dich im Sinn.
Bis zum Ende der Nacht .... im NebeL über die Brücke zum LebeN ....

bis zum Ende der Nacht .... C.-o-o-K. .... 10. Februar 2016 .... zu "Wilder Wein" © RAMMSTEIN

.... und am Ende singen – Wir

Mit den Rhythmen
Eurer Lieder
erscheinen Gedanken neu
und manche kehren wieder;
Gedanken und Gefühle,
die uns tragen
durch die Freude und die Trauer.

Manche Eurer Worte
scheinen Botschaft, treffen uns
in uns'rer Lage,
rühren uns zu schwelgen
in Erinn'rung
- je wie wir uns just befinden,
reißt uns Eure Musik mit.

Wir sehen uns
und uns're Bilder,
die dann kommen
sanft und wilder.

Eure Dichtung
zeigt die Wahrheit
.... und am Ende singen - Wir.

Danke für die Lieder .... RAMMSTEIN, E. Vedder, C. Kobain, DOORS, Unheilig .... 01. Februar 2016

Reise.n e b e L

Die Nacht bricht an; sie ist noch jung, wie Knospen junger Frauen.
Das graue Band der Straße im kargen Licht zieht mich ins Land ....

.... durch feuchte Scheiben wirken weiße Linien,
wie milchig SpritzerSchwall. Die Nacht gedeiht, schwillt an
zu dunkelharter Masse, durch deren Kraft ich komme ....

.... auf neuen Wegen meiner Reise; gelange zur der and'ren Seite
jenseits mir so bekannter Pfade. Mein Sinn umschließt die Brücken
über wilden Fluten und eine Sternenexplosion bricht los ....

.... hin zu Feldern voller Flügel, der'n Schwingen mich zum Fliegen
heben, zu entdecken weite Enge, heißer Dunst legt sich auf mich.
So seh' ich Dich wieder und warte nicht bis Morgen bricht heran.

17. Februar 2016

Der Park ....

Der Park ....
Wege vergangener Spuren
halten mich in Atem;
sie sind wie frische Saaten,
doch im Nebel weilt der Tod. .... Der Park .... ist leer.

Der Park ....
Wie gestern, unsere Begegnungen
und das Spiel unserer Gefährten;
sie sind lebendige Geschichten,
doch nach dem Leben kommt der Tod. .... Der Park .... bleibt leer.

Spuren im Schützenpark, Lüchow (Wendland) .... 20. Februar 2016

Wende.Hals, Wende.Angst und Wende.Mut

Wende.Hals, Wende.Angst und Wende.Mut
trafen sich zum Angeln.
Wollten nach recht langer Zeit
mal wieder sich zusammen tun.

Erzählten sich Geschichten, gern
von ihren Heimatdörfern.
So vieles gab es zu berichten,
der Abend brach schon bald heran.

Die Fische bissen bislang heut' nicht an,
als sie zu noch nie Erzähltem kamen
und als Erster Wende.Hals,
der immer und egal auch wo
etwas zum Besten geben wusste,
begann:

In Küsten
An der Großen Eiche,
Lag vor Jahren morgens
Eine frische Leiche.

Im Rundling
Die Leute sich trafen,
Um zu beraten,
Ob sie den Täter bestrafen.

Nur wusste Keiner,
Was eigentlich war geschehen,
Ob sie den Täter je finden.
Auch konnte Keiner
Der Leiche in die Augen sehen.

Es war die schöne Pfarrerstochter,
Die da lag; jeder Mann im Dorf,
Sie begehrte, ihr nachzusteigen suchte;
Das hatte die älteren Frauen
Des Dorfes sehr wütend gemacht
Und gegen die Junge sehr aufgebracht.

Mit zerstochenen Augen
Lag geschunden sie nun da,
Die Frauen im Dorf wirkten
Zufrieden, befriedigt gar.

Keiner konnte und wollte sagen,
Wer ward's gewesen,
So ließen sie die junge Frau
Im Wald verwesen.

Auch der Pfarrer wollte
Keine Schande,
Er gehörte also mit zur Bande,
Die zu vertuschen suchte,
Was war Ruchvolles geschehen;
Einen Täter hat Niemand
Je hängen sehen.

Und als die nächste junge Frau,
Ein Jahr später dann im Mai,
Ward gefunden, die Wirtshaustochter hold,
Gingen die Dorfleut' gleicher Maßen
Mit ihr um, man kann's wohl glauben.
So ging es dann ein jedes Jahr,
Es gab bald kaum noch junge Frauen mehr.

Doch eines Tages,
Rollten Züge durch das Land
Beladen voll mit sehr gefährlich' Gut,
Zu lagern es in salzig' Höhlen.

Keiner wollte dieses und sodann
Vergaßen Alle alte Sorgen,
Machten auf sich mit so Vielen Andren
Aus dem Dorfe, Kreise, Land
Zu zeigen Gegenwehr 'gen Bestimmerhand.

Einzig die Uhr am Turm der Kirche
Zeugt seitdem von jener Stunde
Zu der jed' junge Frau einst ward gefunden,
Unter Küstens Großer Eiche schwer geschunden.
Nach dem letzten Fund blieb diese steh'n
Auf Neun, doch das Leben musste weitergeh'n.

Nun denn, so ward es Tradition,
Gab es fortan Torten von den älteren Frauen
Jedes Jahr, zur gleichen Zeit
Zu vergessen alte und zu ermahnen neue Wunden.

Als Zweiter war nun Wende.Angst
zu erzählen an der Reihe.
Er zierte sich, hatte Furcht im Kopf, zu berichten aus seinem Dorfe.
Doch Wende.Mut sprach wohl zu ihm,
zu überlisten Angst und Furcht;
Keiner braucht sich schämen hier,
schon gar nicht für vergangene Taten,
Und Wende.Angst begann:

In Jeetzel wurden Köpfe gezählt,
Die vom Henkersberg jenen Totenweg hinab
Zum Streichfeld rollten.

Und um die Ecke,
Auf dem Berg
Wohnte ein Zwerg,
Der eifrig eine Liste führte,
Wem Anrecht auf Platz
Auf dem Friedenhofe
Und somit Ehr' gebührte.

Und den Kapellenstieg entlang
Standen die Frommen,
Den' war entsetzlich bang.
Konnte ein Jeder doch,
Im Jeetzeldorf
Der Nächste sein,
Wessen Kopf wohl rollt'.

Trotz täglich Beten
Und wohl gerat'nem Tagwerk,
Hinten im Anger
Wurd's manch' Einem von ihnen
Dann noch banger,
Musste er das Waldstück
Dort betreten.

Nur der Schmied im Dorfe,
Ließ sich nicht beirren;
Sollten die Frommen doch brav sein,
Er tat so, wie er dachte.

Dieses war dem Zwerg,
Auf dem Berg wohl nicht geheuer
Und er legte sich und And're auf die Lauer
Zu erkunden, was der Schmied so machte.

Der machte Kunst und lebte frei,
Sollten doch die And'ren reden,
Es war ihm Einerlei.
Seine Kunst brachte ihm Ehr'
Und es kamen Leute
Wohl aus dem ganzen Land,
Den Schmied zu besuchen, zu erwerben dessen Kunst
Und er war bald weit bekannt.

Der Zwerg um die Ecke
Auf dem Berg ward neidisch und grämig,
Wollte den Schmied wohl hängen seh'n.
Doch dieser wehrte sich aber verließ das Dorf,
Bevor Schlimmes konnte geschehen:
Seitdem Jeetzel ein Ödfeld ist,
Denn auch And're verließen das Dorf ohne Frist.

Als Dritter nun war Wende.Mut gefragt, zu erzähl'n aus sein'm Dorf.
Er sagte noch, seine Geschichte hätt' mehr Plaisier,
Und Wende.Mut fing an:

Aus Karmitz kam ein Mann,
Der sich nicht entmutigen ließ
Und das Leben liebte,
Gerade so, wie es kam.

Früher der Schulte im Dorfe
Sah man ihn später, als er lebte allein,
Oft durch die Straßen des Landes zieh'n.
Er malte und sang, zog sich bunt an,
War freundlich und nett zu Jedermann.

Er nannte sich Jesus,
Für And're war er ein Depp,
Doch er zeigte Aufrichtigkeit und
Blieb sich treu'.
Vor Spott hatte er keine Scheu.

Viele Jahre war er überall im Land
Eine Erscheinung bunt,
Brachte Freude und ward gern gesehen.
Nun weiß ich mehr nicht zu berichten;
Er war mutig, so tu' ich's kund.

Wende.Hals, Wende.Angst und Wende.Mut
sahen sich an und lachten,
klarer konnten die Welt sie nun betrachten.
Und als sie gerade zum Gehen sich wandten,
sprangen die Fische im Wasser herum.
Sie ließen diese tanzen und springen frei,
an Geschichten bereichert gingen sie;
Beute zu haben war ihnen jetzt Einerlei.

*Die Geschichten ähneln Bekanntem aus dem Wend.e.n.Land erheben jedoch keinen Anspruch
historischer Wahrheit .... 07. März 2016*

Ruhe sanft

Aus grauweißem N E B E L
erwacht beim Schein der dunklen Sonne das Licht.
Der Schrei der E L B E N
dringt ins Leuchten der Dunkelheit.
Der Augen Blick aus Deinem, sanften, harten Visier
erinnert Mich jeden Moment ans L E B E N.

Ruhe sanft im stillen NEBEL Dein.
Deiner Augen Blick zeigt Mir das LEBEN Mein und Unser Sein.

der Augen Blick .... C.-o-o-K. .... 15. März 2016

Am steilen Ufer

Blind der Tag, so klar der Pfad.
Steil das Ufer, so ruhig der Fluß.

An dieser Stelle seinen Namen gibt dem Wasser.
An jenem Wehr seine Kraft reißt auf die Stille.

Wilde Strudel brechen auf zum Tanz.
DU willst wed' dazwischen sein, noch mutig springen in den Sog.
MICH zieht es hin sowohl zum regen Sein, als auch zu DIR.

Am steilen Ufer ist mein Platz, zu springen mutig und in Freiheit
hin zu erleben sehend einen Weg, der erweckt in Liebe
UNS den Tag, sowohl, als auch die Nacht.

Am steilen Ufer .... C.-o-o-K. .... 16. März 2016

Der Kerze Schein

Leise der Wind jagt
weiter die Reise.
Wild treiben
die Blüten aus.
Stumm die Kerze am Fenster
erlöscht am Ende der Nacht.

Der Hof des Kaisers wird geputzt,
auch wenn dies nicht mehr ihm zu Ehren gilt.
Leer der Platz wo hart das Eisen schwang,
er in der alten Zeit.
Und die Flügel stehen laut und groß.

In and'rer Weite,
eng die neue Welt zu finden.
Der Reise Sturm
laut erhebt
zum Fenster an die Gräser.
Nacht erweckt
der Kerze Schein am Ende.

Der Hof des Kaisers an neuem Ort
voll Eisen, Holz und Trauerflor,
schwingt voll Wehmut einsam seine Liebe,
er in der neuen Zeit.
Und die Flügel schlagen still und groß;
der Wölfin Pfad sich zeigt.

weit der Wölfin Weg in Freiheit .... 19. März 2016